Irineu Fernandes

OS RUMOS DO VAREJO NO SÉCULO XXI

Pandemia e Transformação
Conjuntura, práticas e o futuro
depois da luta contra a contaminação

Ano 2021

Copyright ©2021 by Poligrafia Editora
Todos os direitos reservados.
Este livro não pode ser reproduzido sem autorização.

OS RUMOS DO VAREJO NO SÉCULO XXI
Pandemia e Transformação
ISBN 978-65-5854-266-7

Autor: **Irineu Fernandes**
Pesquisa e Estrutura Narrativa: Nilson Brandão
Coordenação Editorial: Marlucy Lukianocenko
Projeto Gráfico e Diagramação: Cida Rocha
Revisão: Fátima Caroline P. de A. Ribeiro
Foto do Autor: Nicola Labate

Dados Internacionais de Catalogação na Publicação (CIP)
Lumos Assessoria Editorial
Bibliotecária: Priscila Pena Machado CRB-7/6971

```
F363  Fernandes, Irineu.
         Os rumos do varejo no século XXI : pandemia e
      transformação / Irineu Fernandes. — 1. ed. — Cotia :
      Poligrafia, 2021.
         152 p. ; 21 cm. — (Coleção Varejo em Foco ; 2).

         Inclui bibliografia.
         ISBN 978-65-5854-264-3 (coleção)
         ISBN 978-65-5854-266-7

         1. Comércio varejista - Administração. 2. Comércio
      varejista - Comercialização. 3. Planejamento estratégico.
      4. Comportamento do consumidor. I. Título.

                                                   CDD 658.7
```

Poligrafia Editora
www.poligrafiaeditora.com.br
E-mail: poligrafia@poligrafiaeditora.com.br
Rua Maceió, 43 – Cotia – São Paulo
Fone: 11 4243-1431 / 11 99159-2673

A editora não se responsabiliza pelo conteúdo da obra, formulada exclusivamente pelo autor.

*"Sem agir, nada vai acontecer.
A vida é assim."*

Irineu Fernandes
empresário, músico e poeta

Dedicatória

Para minha amada Pina, Giuseppina Fernandes, companheira nesta jornada; aos meus filhos Ivan e Stefania; à minha nora Pollyanna, ao meu genro Eduardo e ao querido neto Mathias, que me deu, em 2020, uma das maiores alegrias na vida, quando pude revê-lo de perto, depois de meses de isolamento social.
Amo vocês.

Ao bravo time da GIC Brasil, dedico também este livro e o privilégio de trabalharmos juntos. Muito a fazer pela frente!
A todos aqueles por quem nos levantamos cedo para cumprir nossas missões e, juntos de tantos quanto possível e necessários, buscamos dar um sentido à jornada que nos é individual e coletiva

Muito obrigado.

PREFÁCIO

João Carlos de Oliveira *

O comércio está em constante transformação. E quando falamos em evolução, voltando na história, sabemos que o comércio é uma das atividades econômicas mais antigas, e remonta aos processos de troca ou escambo, quando alguém oferecia um item excedente ou serviço que dispunha, em troca de algo que necessitava. Desde então, o comércio nunca parou de progredir, acompanhando a evolução da humanidade.

No século XXI, mais uma vez esta atividade econômica deixa seu marco na história. A crise econômica que veio como consequência da pandemia da Covid-19 exigiu uma rápida adaptação para garantir o abastecimento de itens essenciais à população durante longos períodos de isolamento.

E, neste cenário, os supermercados conquistaram lugar de protagonismo. As lojas de autosserviços foram umas das poucas autorizadas a abrir as portas, enquanto as medidas de isolamento vigoravam nos mais diferentes países.

No Brasil não foi diferente. Os supermercados, prestes a completar 70 anos de existência no país, buscaram diversas formas para que alimentos e itens de higiene e limpeza, chegassem às residências. Neste contexto, tornou-se primordial a adoção de melhores práticas de gestão da operação, sem descuidar da sustentabilidade.

Entrar no mundo digital tornou-se prioridade e a automação, palavra de ordem, para garantir o sucesso de todo processo, a qualidade das informações e a sobrevivência dos negócios.

Muitos brasileiros tiveram que aprender a fazer suas compras via *e-commerce*, assim como inúmeras empresas necessitaram adaptar as operações para atender às novas demandas.

À frente da GS1 Brasil – Associação Brasileira de Automação, tenho acompanhado de perto essa adaptação. Lojas físicas passaram a operar em multicanais para oferecer todas as formas de acesso ao consumidor via *e-commerce*, seja no site, nas redes sociais ou via *WhatsApp*.

Mas os desafios ainda são muitos. Irineu Fernandes, CEO da GIC Brasil, além de apresentar os principais aspectos da transição histórica do comércio e de que forma as operações devem atentar a cada etapa de seus processos, traça um cenário da evolução para as próximas décadas. A equação aprender com o passado, compreender a conjuntura do momento e olhar para o futuro faz da obra "Os rumos do varejo no Século XXI - Pandemia e Transformação" um verdadeiro guia de sobrevivência para o comércio para os dias que virão.

Boa leitura e bons negócios!

*Presidente da GS1 Brasil
Associação Brasileira
de Automação

SUMÁRIO

Introdução — 15

PARTE I: Conjuntura
- Capítulo 1 Lugar de fala — 23
- Capítulo 2 2020, o ano que não acabou — 31
- Capítulo 3 EUA: Cullen, Walton e Bezos — 43
- Capítulo 4 Atacarejo no Brasil — 49

PARTE II: Práticas
- Capítulo 5 Gestão da operação — 57
- Capítulo 6 Formatos de varejo alimentar — 67
- Capítulo 7 Locações no Supermercado — 71
- Capítulo 8 50 dicas, do alfinete ao foguete — 75
- Capítulo 9 Pedido e preço — 81
- Capítulo 10 Estoque — 87
- Capítulo 11 Gôndola — 91
- Capítulo 12 Atendimento — 97
- Capítulo 13 Capital humano — 101
- Capítulo 14 *Checkout* — 107
- Capítulo 15 Comunicação — 113
- Capítulo 16 *E-commerce* — 121

PARTE III: O Futuro
- Capítulo 17 2030, um novo patamar — 127
- Capítulo 18 2050, um novo mundo — 135
- Capítulo 19 O Oriente digital — 145
- Capítulo 20 Fator empatia pós-COVID-19 — 149

INTRODUÇÃO

A qualidade da operação do varejo define a experiência do consumidor, o potencial de receita, a possibilidade de lucro e a sobrevivência do negócio. Em torno deste objetivo, o varejo brasileiro avança através dos tempos, de mãos dadas com a tecnologia. O chamado varejo restrito – que não inclui automóveis e material de construção – movimenta, anualmente, da ordem de R$ 1,4 trilhão no país[1]. No conjunto, o varejo alimentar participa com faturamento anual perto de R$ 400 bilhões, 30 mil postos de trabalho e quantidade extraordinária de empregos indiretos em sua cadeia econômica[2].

Justamente este setor ganhou enorme tração em 2020, o ano da pandemia da Covid-19, e foi o responsável por assegurar a oferta de produtos, amenizando, na medida do possível, a expectativa e a apreensão dos consumidores diante de uma forma até então não existente de doença e seus efeitos, ajustando tanto quanto possível suas operações e representando o principal impacto positivo no varejo geral ao longo do ano, em um ambiente de extraordinária pressão[3].

---

1. Fonte: Sociedade Brasileira de Varejo e Consumo (SBVC). O papel do varejo na economia brasileira – atualização 2020. Disponível em: <http://sbvc.com.br/o-papel-do-varejo-na-economia-brasileira--atualizacao-2020>. 29 abr. 2020.

2. Fonte: Associação Brasileira De Supermercados (ABRAS). Setor supermercadista registra faturamento de R$ 378,3 bilhões em 2019. Disponível em: <https://tinyurl.com/clippingabras>. 4 jun. 2020.

3. Fonte: Instituto Brasileiro De Geografia E Estatística (IBGE). Em outubro, vendas no varejo sobem 0,9%. Disponível em: <https://tinyurl.com/noticiasibge>. 10 dez. 2020.

O ano pôs o setor à prova. Não seria exagero considerar que passa a existir um "a.C." e um "d.C.", como sendo um antes e um depois do coronavírus, de forma geral para todos, aqui e no mundo, mas também para o varejo alimentar. Algumas das palavras mais faladas e pesquisadas em *sites* de busca em 2020 foram: álcool, máscara, desabastecimento e *delivery*. Estes itens invadiram a rotina de nossas vidas, enquanto o vírus alastrava-se. O varejo, como um todo, foi impactado. Supermercados, atacarejos e atacado experimentaram um volume intenso de demanda. Foram necessários ajustes ágeis no varejo alimentar, além do fortalecimento de canais de oferta, em especial o *e-commerce*, que cumpriu sua função social.

A expressão-chave de 2020 foi "sim, é possível", desde que foquemos no que é relevante. E isto o varejo mostrou muito bem. 2020 entrará para a história como "o ano da aceleração e entrega rápida às novas demandas e necessidades", como nunca houve[4].

Ajustes na realidade das lojas físicas e nas operações digitais foram imprescindíveis. A operação física teve de seguir forte e vigorosa. Era preciso entregar com segurança, agilidade e de forma certeira os produtos por que os clientes se encorajavam a sair de casa para comprar. Foi também necessário dar resposta à forte decolagem dos pedidos digitais, em diferentes formas e canais. Ninguém desejava perder tempo nas lojas e, de forma geral, a operação *on-line* não estava ajustada para tamanha sobrecarga de comprar o mais rápido possível o maior volume de produtos em apenas um lugar e mergulhar nas possibilidades de pedir mercadorias via *smartphones* e computadores. Se é verdade que os chamados *shoppers* já buscavam agilizar compras e a operação *on-line* crescia, também parece certo que a realidade descolou dos padrões e o ajuste de rota deu-se com o avião em pleno ar, durante a turbulência e carecendo de *upgrade* nos sistemas de bordo.

---

4. Fatima Merlin, sócia e CEO da Connect Shopper, em entrevista a Nilson Brandão Junior para o blog GIC Brasil. Disponível em: <https://www.gicbrasil.com/conteudo-e-informacao/blog/sim-e-possivel-o-ano-da-aceleracao-para-o-varejo>. 12 jan. 2020.

Por que tratar disto agora? A resposta parece simples.
A conjuntura na forma como se deu imediatamente começou a mudar a estrutura de funcionamento do varejo. Isto, que para sempre ficará marcado em nossas vidas, para as próximas gerações e na evolução do varejo alimentar, será estudado. Lições ainda serão aprendidas e se consolidarão por largo espaço de tempo. Falar da operação na boca de entrada da terceira década do século 21 exige olhar para este pano de fundo. Tudo passou a ser diferente. Os fundamentos do varejo alimentar brasileiro, em especial nestas últimas sete décadas de supermercado no País, representaram parte significativa da capacidade de resposta. A resiliência forjada ao longo do tempo fez-se presente.

> O varejo alimentício do Brasil apresenta-se muito desenvolvido. As empresas têm acompanhado as tendências mundiais, apresentando uma variedade completa de modelos e formatos de lojas, que atendem às diversas características e necessidades de mercado[5].

Este livro trata da gestão operacional em uma nova época. Traz a experiência acumulada de décadas de trabalho justamente nas áreas de tecnologia da informação e do varejo. A ela, somam-se dados, cases e percepções do dia a dia. Este lastro ajuda a identificar melhor o que se passou e, o mais importante, auxilia a avançar em novas conquistas para a entrega final ao consumidor, razão de ser da atividade, e busca indicar caminhos para a excelência operacional, incorporando, ao máximo possível, perspectivas que vêm de outras dimensões, como o mercado internacional e outros temas que já são caros ao setor e serão ainda mais relevantes.

---

5. Fonte: PARENTE, Juracy; BARKI, Edgard. Varejo no Brasil: gestão estratégica. 2. ed. São Paulo: Editora Atlas, 2014. p. 12.

Assim, o livro divide-se em três partes. A primeira abre a nossa conversa com o desenho dos principais aspectos desta transição histórica. Cuida da conjuntura da virada da década e situa os principais vetores de transformação.

A segunda parte segue operação adentro: um descritivo de etapas cruciais das lojas, alerta para riscos em cada uma e efeitos indesejados no todo, como elas se integram. A terceira parte projeta o olhar para dois eixos que evoluirão muito rapidamente nas próximas décadas, com a velocidade de um tráfego que torna borrada a paisagem vista pela janela.

Tecnologia e sustentabilidade são eixos inevitáveis para o futuro possível. Deixamos para lá fatos, dados e percepções coletadas e trabalhadas. Aqui fica o registro de dois fenômenos muito importantes deste século. A abordagem não tem a presunção de antecipar o que virá ou um objetivo preditivo, mas sim a ambição de fortalecer uma conversa sobre estes dois vetores do amanhã. Eles impactaram nossas vidas individuais e coletivas em todo o planeta e em tudo o que nele existe. Esperamos que você siga a leitura conosco até lá, com a promessa de que a ideia desta parte não foi produzir espuma vistosa e cromática e nem uma chamativa paisagem de nuvens brancas e fofas. A intenção é tatear em conjunto a evolução que melhor virá tanto mais nos relacionarmos com ela.

Uma boa leitura a todos!

PARTE 1
CONJUNTURA

Capítulo 1

LUGAR DE FALA

*"Eu sou um otimista.
Não me parece muito
útil ser outra coisa".*

Winston Churchill

    Tive o primeiro contato, ainda criança, com o varejo alimentar. Ia regularmente buscar as compras para minha mãe, a cavalo, com uma sacola de dois lados pendurada no peito para trazer as mercadorias. Morávamos no interior do Estado de São Paulo, em São Roque. A venda do tio Zeca era no formato antigo: os donos de um lado do balcão e os compradores, de outro. A confiança era tão grande que eu entrava e apanhava o que estava na lista. No final, tio Zeca a pegava e anotava os preços em uma caderneta, que eu levava de volta. O pagamento era mensal. Minha mãe era doceira. Muitas vezes, eu levava docinhos e trazia produtos. No fim do mês, acontecia o encontro de contas e descobria-se quem devia ao outro.

    O interessante, ocorre-me agora, é que o que mais o *shopper* quer, hoje em dia, é justamente chegar, pegar o produto e ir embora. E eu já fazia *selfcheckout* montado a cavalo! Eu levava doces para outras duas vendas, a do Dito Marchi e a do Aristeu. O problema era que a esposa do Dito era doceira, como minha mãe, e a moeda que eu levava, naturalmente, não era aceita. Na venda do Aristeu, eu também pegava as compras quando precisava. Tudo isso acontecia na década de 1950. Os anos passaram-se, ambos evoluíram com seus negócios. O que houve? Dito e Aristeu juntaram-se para criar uma loja de supermercado. A loja deu origem à rede de Supermercados São Roque. Adivinhem quem foi o primeiro cliente na minha empresa de tecnologia e inovação em gestão operacional? Justamente esta rede, décadas depois das cavalgadas que me apresentaram ao varejo alimentar. Não é incrível?

Na foto, a seção concentrava tudo o que era vendido em grãos, para dinamizar o atendimento. Colaboradores, empreendedores e consumidores testemunham ao longo da década que o varejo é "um ato de persistência", um dos *slogans* históricos da rede São Roque.

Varejo e tecnologia entrelaçam-se na minha vida. Comecei de baixo: equipamentos periféricos, computador, operador, programador. Nos anos 1970, trabalhava de dia na Eletroradiobraz e à noite no Banco de Boston. Desde então, as duas áreas começavam a conectar-se repetidas vezes em minha trajetória profissional, até o momento em que decidi empreender: fiz isso com base em ambas! A partir delas, também cheguei à visão que tenho hoje, uma forma de obstinação sobre como poderia contribuir para a evolução do varejo e transformar a experiência do consumidor na melhor possível, como uma obsessão que poderia materializar-se na fronteira entre dois Estados, o controle da gestão e sua parceria com a tecnologia.

Nasci no interior do Estado de São Paulo, em São Roque, região metropolitana de Sorocaba. Jovem ainda, ajudava meu pai na lavoura. A agricultura começou de subsistência e passou à pequena produção para fora. Acho que não estaria sendo injusto se lembrasse que talvez, para mim e meus irmãos, calçar os pés fosse menos hábito do que sair por aí descalço. Um dia, quando soube de uma amiga que trabalhava em uma empresa que tinha computador e chamava-se IBM, decidi que era lá onde queria trabalhar. Isso aconteceu. Uma visão concretizava-se. Não fiquei esperando que acontecesse. Tomei rumo na vida e fui pelo caminho por onde ela me levou.

Ao longo do trajeto, foram muitos aprendizados. Dois me marcaram, em especial, talvez pela simplicidade com que me foram transmitidos. Primeiro: se você programar laranja em seu sistema, sai laranja lá na frente. Tecnologia é uma ciência exata, repetia um dos diretores na rede de eletrodomésticos, que se expandiria para outras atividades, como o autosserviço, operando supermercados e hipermercados, o primeiro deles inaugurado em 1971, em São Paulo. O conceito de hipermercado surgia com força no País, como lugar em que se poderia comprar de tudo. Pouco mais à frente, na segunda parte do livro, vamos tratar das diferentes formas do varejo alimentar. E, na terceira, abordaremos o setor na perspectiva de futuro.

A segunda lição, empírica, viria com a analista Emília, lembro bem: diante de um universo grande, busque a menor fração e, a partir dela, comece a expandir e estruturar modularmente suas soluções. Interessante: a Física busca descrever como a Natureza funciona, desde minúsculos átomos até as estrelas, desde os menores detalhes para o Universo inteiro.

Obviamente, não é preciso recorrer à Física Quântica para enfrentar o desafio da gestão da operação do varejo. Mas não deixo de ter em mente que a menor unidade de uma operação é uma unidade de produto. O processo interno faz esta unidade chegar à gôndola e, de certa forma, emergir como oferta na forma do e-commerce, nas telas de computadores e *smartphones*. O produto.

Supermercados São Roque foi inaugurado em março de 1974, com a presença de autoridades, convidados e as famílias fundadoras. Ao fim do primeiro dia, as gôndolas terminaram praticamente vazias. Aprendizados iniciais para o giro de abastecimento, sortimento e presença de produtos.

A operação física ou *on-line* do varejo alimentar representa uma forma de complexidade que exige ciência e disciplina para enfrentar. E, para isso, a tecnologia é essencial. Importa monitorar cada detalhe e, a partir daí, estruturar a forma ótima de funcionamento no fluxo de mercadorias, processos, pessoas e resultados. A experiência inicial que tive no modelo *Warehouse Management System* (WMS), ou Sistema de Gerenciamento de Armazém, em português, e em *supply chain* tornou-se uma base para desenvolver soluções inteligentes para a gestão da operação. Esta era uma necessidade das redes de supermercados e atacados, sobretudo dos anos 1990 para cá. Precisava-se ter em mãos a melhor visão do que se passava na operação, revelar partes das atividades diárias que pareciam não existir, mas apenas não eram percebidas. Uma torre de comando com processos automatizados capazes de orientar desde a aterrissagem de produtos no terminal de consumidores – as lojas – até a decolagem das compras realizadas, com os clientes satisfeitos com uma boa experiência.

A operação do varejo alimentar avançou muito ao longo do tempo. No passado, não era incomum fornecedores e suas equipes entrarem nos estoques e capitanearem a definição do que uma loja precisava repor para ter o suprimento adequado, um procedimento informalmente aceito e tacitamente acordado. Eles entravam no depósito para avaliar o que ainda restava de produto, explicar porque seria necessária a reposição, indicar o volume de itens e, em modo contínuo, apresentar a avaliação ao gerente ou ao dono da loja. Outro procedimento muitas vezes repetido: caminhões vindos da indústria traziam mercadorias que, muitas vezes, não haviam sido solicitadas, sem um pedido correspondente, como que obedecendo a uma lógica e logística da produção. A crença em algumas situações, talvez real em parte, era de que a indústria dispunha de melhores ferramentas e acuidade gerencial – e o varejo aceitava-a, "já que estava lá mesmo".

O processo de decisão e o fluxo de iniciativas poderiam ser absolutamente informais. Outro exemplo: redes de porte médio ou pequeno enviavam profissionais para fazer a compra em atacados para a revenda, muitas vezes sem ao menos uma lista com suas necessidades de compra. Os funcionários da rede poderiam caminhar pelo depósito atacadista, olhando os produtos expostos, indicando o quanto pretendiam levar. Se estivessem no chão, apontavam com o pé mesmo. De uma forma ou de outra, o modo como sempre se fazia funcionava. Ao final da diligência, o representante da rede pedia a soma da compra, em geral achava que o valor acabava ficando muito alto e começava um novo processo, agora de negociação, para baratear os gastos que não haviam sido previstos.

Em missão nos fornecedores, eu aproveitava para conhecer de perto cada modelo mais ou menos formal. Em uma das vezes, veio-me a máxima de que o varejo não ganhava com a venda da mercadoria, mas com a compra dela. Comprou bem, vendeu bem. Comprou mal, vendeu mal. O desenvolvimento do varejo e do setor industrial levaram a um progressivo avanço no relacionamento e na interação ao longo do tempo. Ainda assim, cresciam os volumes de transações, a velocidade das operações. Não custa lembrar que, ao menos ao longo dos anos 1980 e início da década de 1990, os desequilíbrios econômicos e a inflação geravam desafios extraordinários e diários para o varejo. Em seguida, com a estabilização da economia, permanecia a necessidade de gerir de forma mais eficaz tudo o que se passava.

Todos estes desenvolvimentos na economia, no varejo e na indústria tinham, ainda, como pano de fundo a evolução de novas tecnologias e inovações, como *hardware*, terminais móveis e outros equipamentos. O profissionalismo do varejo alimentar avançava gradativamente. Padrões consolidavam-se, como a utilização de código de barras, bem como de nomenclaturas também capazes de padronizar as informações nas etapas que compõem a cadeia do varejo, caso dos *Stock Keeping Unit* (SKUs) ou Unidades de Manutenção de Estoque, em português.

A captura da identidade do produto por meio dos códigos de barras passou a ser mais eficaz e ampliou a potência das operações dentro das cadeias produtivas e de venda. Os códigos de barras são utilizados para representar uma numeração (identificação) atribuída a produtos, unidades logísticas, localizações, ativos fixos e retornáveis, documentos, contêineres, cargas e serviços, facilitando a captura de dados por meio de leitores (*scanners*) e coletores, propiciando a automação de processos e trazendo eficiência, maior controle e confiabilidade para a empresa, conforme define a GS1 Brasil (Associação Brasileira de Automação)[6].

O lastro da experiência e a evolução da relação do diálogo entre varejo e tecnologia avançam com o tempo, integrando de forma cada vez mais incessante o diferencial competitivo da inovação. Novos *fronts* de avanço tecnológico estão sendo abertos

---

6. Fonte: GS1 BRASIL. Captura: para captura de dados precisa e automática – código de barras. Disponível em: <https://www.gs1br.org/codigos-e-padroes/captura#codigos-de-barra>.

de modo acelerado. Da concepção e da utilização adequada dependem o sucesso da operação e, principalmente, a experiência do consumidor. É deste ambiente que temos a honra de participar, com embasamento, alicerce e fundamento acumulados, ambição de protagonizar o presente junto a todos os elos da cadeia e enorme curiosidade e investigação sobre para onde o futuro aponta. O mundo será aquele que empreendermos.

Mas não cheguei a este momento do livro para falar do passado. Quis demonstrar que o futuro está presente em nossa vida em cada presente! O tempo passou, minha trajetória nos setores de tecnologia e varejo desenvolveu-se, empreendi. A empresa de inovação e tecnologia que fundei no fim dos anos 1990 não se contentou em oferecer soluções para nossos clientes, mas buscou, de forma obstinada, novos caminhos e tendências. Decidimos voltar-nos para os futuros possíveis, de curto, médio e longo prazos. Explorar. Encontrar formas de cumprirmos nossa missão empresarial e descobrir, a cada passo, como estar em um mundo onde haja mais prosperidade individual, coletiva e mundial, com respeito a tudo o que temos à nossa volta no planeta.

Capítulo 2

2020, O ANO QUE NÃO ACABOU

Grandes supermercadistas decidem banir compradores sem máscara facial das lojas para impedir o aumento do contágio pela Covid-19. A exceção seria dada apenas aos portadores de declaração médica[7]. O varejo alimentar reage ao endurecimento do governo com o anúncio do *lockdown*. A situação da pandemia avançava em níveis altíssimos. Nada disso ocorreu em 2020, o primeiro ano da pandemia, mas no início de 2021, em janeiro. O alarme soava forte no Reino Unido, onde a doença dava novo rebote, em uma segunda onda, com o vírus em mutação. Supermercadistas buscam acalmar a população e informam que chamariam a polícia no caso de descumprimento das regras[8]. O primeiro ano da pandemia consolidava-se como aquele que não terminou. Boas notícias viriam com o início da vacinação, no primeiro mês do ano. O cenário, contudo, era de incerteza na Europa e no resto do mundo.

A pandemia da Covid-19 começava a se desenhar como a maior história desde a Segunda Guerra Mundial. Pela primeira vez, todos sentimos o mesmo medo ao mesmo tempo, pelo mesmo motivo, em todos os continentes. Uma experiência única para quem viveu o período.

---

7. Fonte: THE TIMES. Retail giants drop click-and-collect to help contain virus. Disponível em: <https://www.thetimes.co.uk/article/retail-giants-clamp-down-in-bid-to-halt-coronavirus-growth-2p3t9k2lt>. 13 jan. 2021.

8. Fonte: DAVEY, James. In: Reuters. Disponível em: <https://www.reuters.com/article/us-health-coronavirus-britain-supermarke/uk-retailers-call-for-police-help-to-enforce-mask-rules-idUSKBN29G0LW>. 11 jan. 2021.

Um marco a separar tudo o que vinha antes e o que passava a acontecer depois, como, tomando emprestado, um "a.C." e "d.C.": antes e depois da pandemia.

Nos primeiros meses da crise sanitária, as palavras coronavírus e Covid-19 simplesmente estiveram em mais da metade das matérias produzidas por grandes veículos de imprensa do mundo. Em alguns dos casos, alcançavam-se extraordinários 80%[9] de todo o material produzido com a presença de uma das duas palavras. Em paralelo, o mundo enfrentava outra pandemia. Era a infodemia, com superabundância de informações, algumas precisas e outras não, como alertou a própria Organização Mundial da Saúde (OMS)[10].

Rotinas, hábitos, formas de relacionar-se, abastecer a casa, mobilidade, trabalho, tudo mudou drástica e imediatamente. Como nas provas de média e longa distância no atletismo, a pandemia foi o coelho que correu sempre à frente das medidas adotadas. Uma maratona que, acreditava-se, começaria a reverter-se gradativamente, com o início da imunização. A competição entre a doença e a sobrevivência chegou à atividade produtiva, particularmente forte para o varejo alimentar. Diante do pavor até mesmo de sair de casa, a confiança transformava-se em esperança e ativo valioso para todos os que honrassem o sentimento da população e, dentro dela, dos consumidores. O foco voltava-se ao ser humano.

Valores universais vieram à tona, como a exigência do respeito à vida e ao meio ambiente. Para resumir, o que podemos chamar de integridade foi a busca, em todas as áreas, pela vida neste momento-limite. Na atividade econômica, não foi diferente. De dentro da crise, consumidores emergiam empoderados, pressionados pela necessidade.

---

9   Fonte: The Economist. Only the world wars have rivalled covid-19 for news coverage. Disponível em: <https://www.economist.com/graphic-detail/2020/12/19/only-the-world-wars-have-rivalled-covid-19-for-news-coverage>. 19 dez. 2020.

10   Fonte: Organização Mundial da Saúde (OMS). Novel Coronavirus (2019-nCoV): situation report – 13. Disponível em: <https://www.who.int/docs/default-source/coronaviruse/situation-reports/20200202-sitrep-13-ncov-v3.pdf>. 2 fev. 2020.

Diante da ameaça e da prática de isolamento social, encorajavam-se a explorar todas as possibilidades de processar virtualmente suas compras o mais rápido possível, desde a escolha à compra de produtos, em muitos casos quase obsessivamente. A qualidade do serviço, que já era uma demanda, passa a ser mais cobrada, junto com a segurança à saúde. O cliente estava definitivamente no centro, o que ganhou o nome de shoppercentrismo. Em contrapartida, o varejo alimentar deu a largada ao urgente processo de modernização tecnológica, simplificação da operação e integração de novos formatos digitais para acompanhar a guinada da demanda. Na verdade, aqui, vale parar um minuto, principalmente porque a mudança coletiva aconteceu em frações de tempo. E, nestes casos, sempre é bom recuperar um pouco do contexto mais profundo, até para ajudar a decifrar a situação. A pandemia, na prática, acelerou um processo histórico de transformação.

> Em muitos aspectos, a digitalização é simplesmente o próximo capítulo de um processo em andamento há um século: a desmaterialização da economia. À medida que a agricultura deu lugar à manufatura e depois aos serviços, a parcela do valor econômico derivada de materiais tangíveis e músculos encolheu, enquanto a parcela derivada de informações e cérebros cresceu[11].

A operação do varejo alimentar ficou, inicialmente, comprometida, e todo o resto das atividades não estava preparado. O varejo viu-se obrigado a corrigir o rumo e a forma como vinha atuando nos últimos anos, porque não dizer décadas. Todo o formato de recebimento e funcionamento das lojas foi adaptado para novos hábitos de precaução contra a contaminação pelo coronavírus, desde a entrada do consumidor nas lojas físicas, passando por formas de interação, uso de proteção facial, garantia de distanciamento

---

11   Fonte: IP, Greg. Covid-19 propelled businesses into the future. Ready or not. In: Wall Street Journal (WSJ). Disponível em: <https://www.wsj.com/articles/covid-19-propelled-businesses-into-the-future-ready-or-not-11608958806?mod=searchresults_pos1&page=1>. 26 dez. 2020.

de outros clientes e colaboradores, fluxo interno e até mesmo limite de pessoas por loja – tudo precisou ser calibrado.

Da mesma forma ocorreu com a logística para recebimento e entrega de produtos. Este, talvez, seja o principal efeito imediato da explosão dos pedidos via *e-commerce*. No Reino Unido, no dia do anúncio do *lockdown*, horas depois, cidadãos dispararam contatos com os supermercados para garantir horários de entregas de produtos em casa.

Guardadas as proporções, tudo isso aconteceu no Brasil. O País não decidiu pelo *lockdown*. Formatos de quarentena e isolamento social por Estados e municípios deixaram em casa grande parte da população. Menos o varejo alimentar e seus colaboradores, além de outros serviços definidos como essenciais. Fechar as portas de supermercados, atacarejos e atacados não seria uma opção. O momento exigiu rapidez no diagnóstico e na precisão da tomada de decisões, o que não foi exatamente fácil. Vendas *on-line*, por *WhatsApp* e o uso de *marketplaces* digitais foram sendo estruturados ou aperfeiçoados ao longo do ano.

Cadeias de menor porte, com menos lojas, lançaram pilotos de *delivery* em uma das lojas para, rapidamente, fazer o *roll out* para as demais. Outras passaram a adotar o *WhatsApp* – reconheçamos, comprar alimentos e produtos de limpeza por esta ferramenta não era trivial antes da pandemia. A capacidade de garantir os processos corretos na retaguarda dos estoques físicos, a separação e a expedição de produtos contaram muito. Operações de *click and collect* foram ajustadas. Vêm destes ajustes novos investimentos em automação, utilização de minicentros com estoques justos para a operação e, principalmente, a estruturação de centros exclusivos para a operação digital, as chamadas *dark stores*[12].

---

12   Fonte: IP, Greg. Covid-19 propelled businesses into the future. Ready or not. In: Wall Street Journal (WSJ). Disponível em: <https://www.wsj.com/articles/covid-19-propelled-businesses-into-the-future-ready-or-not-11608958806?mod=searchresults_pos1&page=1>. 26 dez. 2020.

A capacidade de ter a loja e a expedição de mercadorias em estágio avançado para os formatos *off-line* e *on-line* de vendas contou demais e fará diferença nos anos e nas décadas seguintes.

As redes de supermercado, atacarejo e atacado foram essenciais para regular expectativas e assegurar a normalidade no fornecimento à sociedade, com comunicação nas lojas, controle de acesso, higienização, fornecimento de proteção aos colaboradores e segurança aos clientes. No *front on-line*, destacaram-se: reforço de posições de atendimento, otimização de plataformas, investimentos adicionais e antecipações de projetos de *e-commerce*. A operação do varejo alimentar garantiu algo próximo à normalidade à população, passados os primeiros meses de desassossego e inquietações. O varejo alimentar funcionou como fator decisivo para reduzir tanto quanto possível o ambiente de pânico com a drástica mudança de estilo de vida. A apreensão retornaria na virada da década, com a passagem de 2020 para 2021.

> Essa aceleração sem precedentes em tão pouco tempo muda a equação e exige adequações imediatas. Impactou a gestão. Neste ritmo de atividade, é imprescindível atuar de forma eficiente em grau máximo, com melhor organização, redução de todos os formatos de ruptura, exposição adequada de produtos em condições, lugares e espaços apropriados nas lojas, gestão de estoques, categorias e uma comunicação fluida, clara e segura. Tudo isso também vale para o *e-commerce*, que avançou a taxas elevadas. Toda a organização desde o recebimento do pedido, separação de produtos (o chamado *picking*), preparação para entrega e envio requer gestão precisa e grande agilidade. O consumidor aprendeu a usar o meio digital[13].

---

13   Fonte: GIC Brasil. Acabou a margem de erro na gestão. Disponível em: <https://www.gicbrasil.com/conteudo-e-informacao/blog/acabou-a-margem-de-erro-na-gestao>. 21 ago. 2020.

A crise sem precedentes reduziu a margem de erros a zero. Incerteza seria a palavra-chave assimilada durante 2020.

O varejo alimentar enfrentou expressivos desafios operacionais. Na verdade, contudo, a corda esgarçou em outras áreas também. Apenas para listar algumas, a tempestade perfeita da pandemia trouxe outros riscos: quanto à percepção de marca, à continuidade dos negócios, à estratégia de operação, ao engajamento de colaboradores, à segurança para os clientes e ao risco regulatório. Com 26 Estados, o Distrito Federal e 5.570 municípios, brotaram novos decretos, regulamentações e portarias. A regulação poderia – e isto aconteceu – colidir em municípios vizinhos, ser retificada ou anulada por decisão judicial. O observatório da regulamentação precisou ficar no ar de forma ininterrupta. Com o espantoso avanço da digitalização de vendas, as preocupações tornavam-se fortes quanto à segurança das informações e ao tráfego de dados.

De novo em perspectiva, como estavam as expectativas para o ano de 2020 e o que se passou a esperar para 2021?

Capa da Revista SuperHiper em 2019, um ano de reconstrução. O Brasil deu mais um passo em sua rota de crescimento econômico, o que refletiu positivamente no desempenho do varejo. Resultados sinalizam que o País está se recuperando.

Capa da Revista SuperHiper em 2020, o ano que reinventou o consumo. Em um ano inimaginável, que mudou a forma de o brasileiro consumir, os supermercados não pouparam esforços para adaptar-se e modernizar-se.

Buscamos duas edições tradicionalmente mais esperadas com informações sobre o setor, consideradas referência, as capas da Revista SuperHiper, da Associação Brasileira de Supermercados (Abras), dos meses de dezembro de 2019 e dezembro de 2020. Repare as imagens na página ao lado. Ainda assim, e apesar de tudo, os resultados do setor destacaram-se dos demais na economia. O que se viu foi um expressivo crescimento, e muitos fatores explicam isso. Contaram a favor do negócio a suspensão de outros ramos do varejo alimentar, como bares e restaurantes, a expansão da demanda da alimentação em casa, a vigência do auxílio emergencial concedido pelo Governo Federal – que, a rigor, também impulsionou outros setores. Apenas em novembro, no Estado de São Paulo, o varejo alimentar gerou 50% mais vagas do que o total no mesmo mês do ano anterior, conforme a Associação de Supermercados de São Paulo (Apas). As vendas nacionais cresciam 6% nos dez primeiros meses de 2020, comparadas ao mesmo período do ano anterior, de acordo com o Índice de Vendas da Abras.

Falar sobre o início da pandemia, em 2020, traz à lembrança cenas pouco comuns e bem marcantes. Quem não se lembraria da corrida do papel higiênico? Carrinhos de supermercados lotados de todas as marcas do produto e gôndolas vazias. Repetindo: faltou papel higiênico nas gôndolas de supermercados em vários países. Não tenho registro de ver tanta gente comprando o item ao mesmo tempo, com tamanha intensidade. Isso não aconteceu apenas no Brasil. Ao contrário: gôndolas em outros continentes foram esvaziadas nos primeiros meses do ano da pandemia, o que voltou a se repetir no último trimestre. O produto, símbolo do pânico e seu reflexo na escassez, apresenta o desarranjo operacional, com a pandemia, para o setor. E, por isso, nesta parte, nossa proposta é acompanhar o fenômeno do insumo para a produção de tissue até a compra – ou a falta – do artigo para o consumidor final.

Você ali, no corredor do supermercado, satisfeito ao avistar algo branco que sorria para você. Numa corrida quase vertiginosa, aparentemente ouvindo uma trilha sonora de um filme de ação, você voou em direção àquela mercadoria preciosa que sempre esteve ali por décadas, mas que agora era mais apreciada que nunca[14].

O assunto geraria farta documentação nos principais veículos jornalísticos das mídias nacionais e internacionais. Quase sempre no Hemisfério Norte e no Hemisfério Sul, as fotos eram praticamente as mesmas: prateleiras esvaziadas em perspectiva e carrinhos de compra abarrotados. O absurdo da reação dos consumidores levou instituições a buscar explicações no comportamento humano, em pesquisa conduzida pela área de Psicologia Cultural Comparada do Instituto Max Planck de Antropologia Evolucionária[15], da Alemanha, com mais de mil adultos nos Estados Unidos e na Europa, sobre a corrida conjunta da mercadoria. O objetivo era compreender o gatilho que impulsionou o rompante de compra com base em arquétipos representando honestidade, emotividade, extroversão, afabilidade, consciência e grau de abertura a novas experiências.

Mas foi o autor do livro *The Psychology of Pandemics*[16], Steven Taylor, que colocou em contexto e sintetizou um aspecto da condição humana. Em entrevista à BBC[17], ele explicou que compras motivadas por pânico aconteceram em outras pandemias, como

---

14   Fonte: SPINER, Tom. Shoppers told not to buy more than normal. In: BBC. Disponível em: <https://www.bbc.com/news/business-55557908>. 6 jan. 2021.

15   Fonte: PRIOR, Ryan. Por que estamos acumulando papel higiênico? Seu tipo de personalidade explica. In: CNN Brasil. Disponível em: <https://tinyurl.com/acumulandopapel>. 14 jun. 2020.

16   Fonte: MAX PLANCK GESELLSCHAFT. Research links personality traits to toilet paper stockpiling. Disponível em: <https://www.mpg.de/14937230/0611-evan-019609-research-links-personality-traits-to-toilet-paper-stockpiling>. 12 jun. 2020.

17   Fonte: GARBE, Lisa; RAU, Richard; TOPPE, Theo. Influence of perceived threat of Covid-19 and HEXACO personality traits on toilet paper stockpiling. In: Plos One. Disponível em: <https://tinyurl.com/comprasporpanico>. 12 jun. 2020.

a da Gripe Espanhola. Naquele momento, o produto caçado foi a pomada de mentol, eucalipto e cânfora *Vick VapoRub*. Ela foi para a Gripe Espanhola o que o papel higiênico foi para a pandemia da Covid-19.

> O papel higiênico virou um símbolo de segurança, embora não vá impedir que as pessoas sejam infectadas pelo vírus. Mas quando as pessoas ficam sensíveis a infecções, aumenta a sensibilidade delas para o que é nojento. É um mecanismo para nos proteger de patógenos[18].

O que isso tem a ver com a operação e com este livro? Compreender as motivações para compras extremadas em situação atípica é o objetivo destes estudos. Lembra quando comentamos um pouco antes sobre o foco no ser humano e no *shoppercentrismo*?

Os autores acreditam que uma compreensão mais abrangente sobre como a ameaça da Covid-19 e os traços de personalidade deflagram comportamentos têm implicações pessoais para famílias, políticas públicas e o desenvolvimento do varejo e importam como forma de aprofundar o conhecimento que já existe sobre a condição humana e seus hábitos de consumo. Disso dependem, em grande parte, o planejamento da indústria, as compras do varejo, o atendimento à população e os processos internos, como o gerenciamento por categorias, que precisa trabalhar com informações sobre o comportamento do consumidor e dados qualificados dos produtos.

---

18   Fonte: GRAGNANI, Juliana. A psicologia por trás da corrida por papel higiênico em meio a "medo contagioso" do coronavírus. In: BBC News Brasil. Disponível em: <https://www.bbc.com/portuguese/internacional-51803421>. 12 mar. 2020.

O GC é uma ferramenta estratégica que permite a varejistas e indústrias definir qual é o mix adequado, espaço certo na loja e promoções inteligentes para maximizar resultados. Muito tem sido feito para adaptar o GC à prática de omnicanalidade, para atender o *shopper* em todos os canais – na loja física, e-commerce ou aplicativos – no momento em que ele deseja. Consideram-se, inclusive, os novos hábitos dos *shoppers* que compram pelo site e buscam na loja física, ou consultam pela internet e finalizam na loja. Com o *Big Data*, ferramentas de CRM e a possibilidade de estudar cupons e tíquetes de compra, as informações se tornaram mais acessíveis, ajudando a tornar as decisões mais efetivas[19].

De volta à cadeia do produto papel higiênico em um ano fora do padrão histórico. Ao longo dos meses, o fornecimento foi sendo regulado. Na véspera do Natal, o setor industrial dos produtores *tissue* (papel higiênico, papel toalha, guardanapos) acusou aumentos de custos nos insumos da cadeia industrial e comunicou ao mercado que experimentava dificuldade em repassar o impacto ao varejo. A queda de braço indústria-varejo sobre preços não é novidade. Sempre houve, embora justamente no ano passado as duas partes, em muitas situações, aproximaram-se para entender melhor do que o cliente precisa e como o varejo pode entregar. O nome do jogo, aqui, é cooperação estratégica com vistas ao abastecimento.

A questão, então, passava a ser a pressão da realidade sobre as negociações. Este é outro impacto da capacidade de oferta ao varejo, do preço de compra da indústria e que resulta, finalmente e de forma simplificada, na presença (ou não) do item nas quantidades estimadas, no abastecimento e na formação do preço final ao

---

19 Fatima Merlin, em entrevista à GS1. Disponível em: <https://noticias.gs1br.org/gerenciamento-por-categorias-requer-dados-qualificados>. 29 nov. 2019.

consumidor. O ciclo de apenas um produto, que variou fortemente em demanda ao longo do ano, com impactos na própria cadeia, representa um indicativo da complexidade da operação normal de supermercados e, mais ainda, em tempos de crise sanitária em 2020. Passando por fabricante de insumos, indústria, logística, varejo e loja de supermercado, a complexidade da operação no varejo alimentar apresenta-se como deveria ser e como foi nos momentos críticos da crise. Até o momento do fechamento deste livro, em março de 2021, estes momentos seguem no radar. O ano de 2020 definitivamente pode entrar para a história como o ano que nunca acabou.

Capítulo 3

EUA: CULLEN, WALTON E BEZOS

Três redes impactaram a evolução da forma de operar o varejo estadunidense desde a primeira metade do século 20. Ainda hoje, elas estão no jogo, competindo, inclusive, umas com as outras. Em comum, trouxeram inovações que levaram a profundas transformações que duram até hoje e ditam rumos que afetam o futuro do varejo alimentar nos Estados Unidos e no resto do mundo. Os três negócios ícones também sofreram efeitos diretos do primeiro ano da pandemia da Covid-19. Desenvolveram estratégias de ajuste, redesenho e reposicionamento para fazer frente a novos desafios, atender à demanda, capturar mais vendas e participação de mercado.

Fundada em agosto de 1930 por Michael J. Kullen, a *King Kullen Grocery* Co. é tida como a rede pioneira de supermercados nos Estados Unidos. Teria sido a que primeiro cumpriu cinco critérios em conjunto, como: departamentos separados; *self-service*; preços com desconto; marketing em cadeia e volume de negócios[20].

Em 2020, completou 90 anos de existência. No lugar de festividades nos moldes das tradicionais comemorações, a empresa divulgou um responsável posicionamento, que reproduzimos em parte:

---

20   Fonte: <https://www.kingkullen.com/about-us>.

2020 não é um ano comum para comemorar um aniversário marcante. Aqui em *Long Island* – assim como em todo o mundo –, a Covid-19 mudou vidas, interpelando cada família de maneira diferente, mas afetando a todos nós profundamente. Portanto, enquanto tomamos um momento para reconhecer nosso 90º aniversário, King Kullen gostaria de destacar o que é mais importante este ano e todos os anos, as pessoas. [...] As palavras "Estamos todos juntos nisto" realmente capturam 2020[21].

Ao longo da trajetória, a rede pioneira procedeu ajustes em sua operação, em razão da evolução natural dos negócios, do país e da própria concorrência. Nas décadas de 1970 e 1980, adicionou serviços e ofertas, como padarias, peixe fresco, galinha grelhada e maiores espaços nos balcões de *delicatessen*, como contou o então vice-presidente Thomas K. Cullen em entrevista, complementando que, em razão de novos concorrentes, a exemplo de Walmart e redes de drogarias como Genovese e CVS, que começaram a vender alimentos, a King Kullen passaria a ampliar linhas de produtos e serviços aos clientes em suas lojas.[22]

Da virada da primeira para a segunda metade do século passado, inovações tecnológicas, como o franco desenvolvimento da indústria automotiva e o avanço do processo de urbanização nos Estados Unidos, influenciaram e favoreceram o avanço do novo modelo de varejo alimentar, por meio dos supermercados. Consumidores incrementavam a capacidade de fazer compras de maior volume nos próprios carros. A logística era diretamente impactada pelos novos modelos de veículos de carga. O rearranjo do território urbano ensejava novas formas de compras. O modelo preponderante do varejo, em que o consumidor pedia um produto ao dono da mercearia ou ao seu colaborador, do outro lado do balcão, remodelava toda uma operação.

---

21. Fonte: Disponível em: <https://www.kingkullen.com/about-us>.

22. Fonte: Disponível em: <https://www.kingkullen.com/news-events>.

Na esteira do desenvolvimento, surge, em 1962, a Walmart Inc., pelas mãos de Sam Walton, em Bentonville, Arkansas. Anos mais tarde, Walton criaria, ainda, o Sam's Club. De origem provinciana, a operação tornou-se uma poderosa corporação global. Uma das 10 regras de Walton para o negócio, válida até hoje, era controlar despesas melhor do que os concorrentes. A norma é explícita como uma vantagem competitiva que permite cometer vários erros diferentes e ainda recuperar-se e executar uma operação eficiente, assim como pode ser brilhante e sair do mercado se for muito ineficiente[23]. Surgia, nos anos 1960, com a ambição de oferecer preços mais baixos e ótimos serviços, para a desconfiança dos concorrentes sobre o sucesso da receita.

As bases da operação da Walmart mudariam a cara do varejo mundial, com sua cultura empresarial baseada em simplicidade, negociação em escala, preços baixos, programa de participação acionária e, a partir de 1992, atuação internacional e investimentos em tecnologia, foco em comunicação interna e fornecedores com informações antes consideradas estratégicas e eficiência logística, dentre outros aspectos habitualmente listados nas análises sobre a rede, além de razoável apetite por aquisições.

> A distribuição e o transporte têm sido muito bem-sucedidos no Walmart porque a alta administração vê essa parte da empresa como uma vantagem competitiva, não como uma reflexão tardia ou um mal necessário. E eles o apoiam com investimento de capital. Muitas empresas não querem gastar dinheiro em distribuição, a menos que seja necessário. Os nossos gastos demonstram continuamente que reduzem os nossos custos. Este é um ponto estratégico muito importante para entender o Walmart[24].

---

23. Fonte: WALMART. Disponível em: <https://corporate.walmart.com/our-story/history/10-rules-for--building-a-business>.

24. Fonte: quote de Joe Hardin, vice-presidente de Logística e Pessoal do Walmart. In: WALTON, Sam; HUEY, Jon. Made in America. Rio de Janeiro: Alta Books, 2017. p. 233.

Trinta anos depois, surge a Amazon, fundada em 1994, por Jeff Bezos, que habitualmente indicava que sua companhia não era exatamente uma empresa de varejo, mas de tecnologia. Depois dos avanços da indústria automotiva, do fenômeno da urbanização dos Estados Unidos e dos ganhos de logística, era a vez de outra inovação, ainda mais potencial, alavancar o avanço de um novo *player*, justamente a internet e seus desdobramentos, talvez o principal neste momento, o *e-commerce*. Em seu livro sobre a Amazon, o jornalista e escritor Brad Stone relata o que seria uma nova disputa na seara dos negócios digitais da seguinte forma[25].

> Em setembro de 2009, escrevi um longo artigo para o New York Times intitulado *"Can Amazon Be the Walmart of the Web?"* [A Amazon pode ser o Walmart da internet?][26]. Aparentemente, a manchete atingiu um nervo em Bentonville. Semanas depois da sua publicação, Raul Vazquez, então diretor executivo do Walmart.com, disse ao Wall Street Journal: "Se haverá um 'Walmart da internet, será o Walmart.com. Nosso objetivo é ser o maior e mais visitado site de varejo'".

A disputa do *e-commerce*, a rigor, não se resume às duas empresas. Na prática, na operação digital, a Amazon segue distante das demais. A empresa de Bezos também precisou ajustar-se às exigências dos impactos da pandemia da Covid-19. Tanto assim que o próprio fundador, que havia afastado-se do dia a dia da companhia, retornou para acompanhar de perto as respostas necessárias à drástica reconfiguração do mundo, a partir do fim de março de 2020, quando, até então, dedicava-se mais aos planos de longo prazo. Especialistas em liderança executiva avaliaram como a gestão em uma crise é completamente diferente daquela em tempos normais. Conforme definiu um deles, em entrevista ao *New York Times*, analisar, planejar, delegar e responsabilizar as

---

25. Fonte: STONE, Brad. A loja de tudo: Jeff Bezos e a Era da Amazon. Rio de Janeiro: Intrínseca, 2014. p. 301.

26. Fonte: STONE, Brad. Can Amazon Be the Wal-Mart of the Web? In: NYT. Disponível em: <https://www.nytimes.com/2009/09/20/business/20amazon.html>.

pessoas, apenas todas as boas técnicas vão pela janela, e afirmou: o líder, não importa o tamanho da empresa, precisa assumir o comando[27].

---

27. WEISE, Karen. Bezos takes back the wheel at Amazon. In: NYT. Disponível em: <https://www.nytimes.com/2020/04/22/technology/bezos-amazon-coronavirus.html%2016.01.2020>.

Capítulo 4

ATACAREJO NO BRASIL

Como canal de distribuição, o atacarejo nasce na Europa embora tenha se desenvolvido com impulso a partir dos Estados Unidos, com o lançamento da rede Sam´s Club, pelo empreendedor Sam Walton, fundador da Walmart. A rede americana desenhou o formato que hoje opera no Brasil.

Originalmente, havia sido criado na Alemanha, na cidade de Mülheim, no começo dos anos de 1964, por Otto Beisheim. Um dos principais objetivos do novo conceito era abastecer pequenos varejistas e pessoas jurídicas (profissionais liberais e empresas) de produtos de que necessitavam, sem agregar muitos serviços ou custos (ar-condicionado, *layout* e outras facilidades) à oferta de itens e mercadorias.

> Seu senso de negócios, bem como seu sentimento de inovação, permitiram que ele seguisse trilhando novos caminhos. Em 1964, Otto Beisheim foi nomeado executivo-chefe da METRO e a transformou em uma empresa de varejo de sucesso internacional ao introduzir o modelo *cash & carry*. Junto com Otto Beisheim, as famílias Schmidt-Ruthenbeck e Haniel eram acionistas iguais da METRO até seu IPO em 1996 [28]

---

28. Beisheim Holding, website, https://www.beisheim.com/ch/en/about/otto-beisheim

A partir de 1990, Otto Beisheim dedicava-se a novas atividades empreendedoras, como o desenvolvimento de empresas já no segmento de *start-up*. Um pouco antes, no fim dos anos de 1980, ele participou ativamente da *Wissenschaftliche Hochschule für Unternehmensführung (School of Management)* in Vallendar, perto da cidade de Koblenz, que passaria a ser considerada uma das principais universidades de negócios na Europa, à qual se dedicou até o fim de sua vida, em fevereiro de 2013.

A origem deste canal de distribuição no Brasil vem de meados da década de 1970, quando aportou com o nome de *cash & carry out*, no português, pague e leve. Um dos aceleradores desse formato de atacado no mercado nacional foi a chegada ao Brasil do Makro, pertencente ao grupo holandês de origem familiar SHV, com negócios em diferentes áreas no mundo, como energia, transporte, varejo, petróleo, alimentação e serviços financeiros[29].

> O atacarejo consiste na combinação dos formatos do atacado de autosserviço com hipermercados. É um formato que permite foco em preço competitivo com custo operacional baixo.[30]

Já na virada da primeira década desse século para os anos de 2010 ficava ainda mais nítida a expansão do atacarejo no Brasil. O número de lojas de atacarejo mais do que dobrou de 90 unidades para 197 no fim de 2009; e as lojas de vizinhança também registraram expressivo avanço no período, passando de 333 para 779, conforme pesquisa anual da revista Supermercado Moderno[31]. O mesmo levantamento mostrava que o tamanho das lojas de atacarejo era, em média, 25% menores que o porte dos hipermercados, enquanto as lojas de vizinhança tinham áreas de venda equivalente a 46% dos supermercados.

---

29. SHV website, https://www.shv.nl/family-companies

30. Juracy Parente e Edgard Barki, Varejo no Brasil gestão e estratégia, Editora Atlas, 2ª. Edição, pág 15

31. Marcia de Chiara, Estadão. Disponível em: <https://economia.estadao.com.br/noticias/geral,supermercados-comecam-a-encolher-no-pais,541911>

A pandemia da Covid-19 impactou as operações do varejo alimentar de forma que antes não se poderia prever, desde o primeiro trimestre de 2020. Um dos principais efeitos foi uma nova onda de avanço dos atacarejos no mercado, diante do espaço tradicional do formato de supermercados[32].

Dados citados da reportagem do Valor Econômico, indicam que enquanto o avanço das vendas de super e hipermercados estiveram perto dos 10%, no caso dos atacarejos a taxa alcançou 32,2% em novembro. Da mesma forma, os relatórios trimestrais das redes controladoras de grandes redes de atacarejo, como o Atacadão (Carrefour) e Assaí (GPA) também permitem ver a prevalência de crescimentos maiores nas duas atividades do atacarejo.

Além da divulgação dos resultados de suas atividades relativas a 2020, o primeiro trimestre do ano seguinte à pandemia registrou dois movimentos empresariais importantes, com impactos no atacarejo brasileiro e na correlação de forças no mercado varejo alimentar. No início de março, rede Assaí passou a ter ações listadas em bolsa, segregadas do Grupo Pão de Açúcar. No fim do mesmo mês, o Grupo Carrefour Brasil anunciava a aquisição do Grupo BIB, dono da rede Maxxi Atacado, e a formação de um negócio combinando os ativos de cada grupo.

Em comum, além do mês, valores bilionários dão o peso das operações no atacarejo. A aquisição do Grupo BIG pelo Grupo Carrefour Brasil foi anunciada por R$ 7,5 bilhões, sendo R$ 5,25 bilhões em dinheiro por 70% do grupo e a incorporação do restante[33], condicionada à aprovação pelo CADE (Conselho Administrativo de Defesa Econômica). No terreno do concorrente, a rede Assaí emergia com seu valor independente em bolsa. No primeiro dia com papéis listados, uma segunda-feira, o valor de mercado do Assaí somado ao valor do GPA (após a cisão), rondava os R$ 26 bilhões,

---

32. Adriana Mattos e Raquel Brandão, Valor Econômico. Disponível em: <https://valor.globo.com/empresas/noticia/2020/12/21/nova-onda-no-atacarejo-afeta-supermercados.ghtml>

33. Fato relevante do Grupo Carrefour Brasil. Disponível em: < https://api.mziq.com/mzfilemanager/v2/d/32539bbc-7be4-42e1-a485-98a052dc3a81/a8f1f036-445f-7bce-ec07-657b14c1a-05d?origin=1, 24.03.2021>

com a rede de atacarejo representando quase 5% desta soma[34].

A rede foi comprada em 2007 pelo GPA, que assumiu o controle integral 2010, quando a rede de atacarejo R$ 3,3 bilhões em 57 lojas. Dez anos depois, o Assaí faturava R$ 39,4 bilhões, 30% acima de 2019, com 184 lojas. Feita a cisão do GPA, o Assaí passa a ser para o mercado financeiro um puro *player* do segmento de *cash & carry*, conforme registra a mensagem da administração da rede relativa a 2020[35]. O lucro bruto da rede chegou a R$ 5,9 bilhões, 29% acima de 2019.

O cronograma de inaugurações e a expansão acelerada nos últimos cinco anos foi integralmente financiado pela própria operação, registra o relatório. Em 2020, foram 19 novas lojas, das quais nove no último trimestre.

O Atacadão encerrou o ano de 2020 representando 70%[36] das vendas do Grupo Carrefour no Brasil. A rede de atacarejo faturou quase R$ 52 bilhões em 2020, 23,2% acima de 2019, com lucro bruto de R$ 7 bilhões, quase 20% superior ao ano anterior. Em março de 2021, um mês após a divulgação dos resultados no ano anterior, o Grupo Carrefour Brasil anunciou aquisição do Grupo BIG. Combinados, os dois grupos somam faturamento de R$ 100 bilhões ao ano, 876 lojas e 137 mil empregados e a expectativa de economias de custo de R$ 1,7 bilhão ao ano, a partir do terceiro ano do novo negócio, segundo a apresentação do negócio ao mercado[37].

A estratégia prevê a conversão de marcas do Grupo BIG, para marcas do Grupo Carrefour Brasil, como Maxxi Atacado

---

34. https//www.valor investe.com/mercados/rendavariável/empresas/notícias/2021/03/01/aps-ciso-de-gpa-e assai atacadista-responde-por-quasde-75-pontos-percentuais0do-valor-das-duas--somados.ghtml

35. Divulgação dos resultados para 4 Trimestre de 2020 e ano de 2020, https://api.mziq.com/mzfilemanager/v2/d/ec14f0ab-c5d4-4b12-a413-b6cc7475ed98/3bd8542e-7703-c194-5388-ff92f4d-340c5?origin=1, 22 de fevereiro de 2021.

36. Entrevista live do presidente do Atacadão, Roberto Müssnich, à jornalista Adriana Mattos, do Valor Econômico, https://www.youtube.com/watch?v=9hG66uPFYNU&t=32s, 19.03.2021

37. Aquisição do Grupo BIG, apresentação ao mercado, https://api.mziq.com/mzfilemanager/v2/d/32539bbc-7be4-42e1-a485-98a052dc3a81/39749082-4cb7-2124-2bfc-c3638e295012?origin=1, 24 de março de 2021.

para a bandeira Atacadão; as bandeiras BIG e Bom Preço para o Atacadão ou Sam´s Club; e o restante, para a bandeira do hipermercado Carrefour[38].

Na perspectiva operacional, o monitoramento contínuo da movimentação de mercadorias é considerado crucial para evitar problemas não apenas como as rupturas de produtos bem como a integridade de embalagens, em especial de maior porte. A automação também no formato de operação é de extrema utilidade para agilizar o fluxo de informações e ajustes necessários, assim que falhas são identificadas.

Também a necessidade de localizações mais amplas e centrais para acesso a partir de diferentes bairros exige da logística de funcionamento extremamente eficiente, que além do preço e disponibilidade torne vantajosa a movimentação de clientes de lojas mais próximas aos pontos em que funcionam as lojas do atacarejo. Tanto na logística interna da operação quanto para a chegada de produtos, a tecnologia é aliada indispensável.

---

38. Fato Relevante ao mercado, https://api.mziq.com/mzfilemanager/v2/d/32539bbc-7be4-42e-1-a485-98a052dc3a81/a8f1f036-445f-7bce-ec07-657b14c1a05d?origin=1, 24 de março de 2021

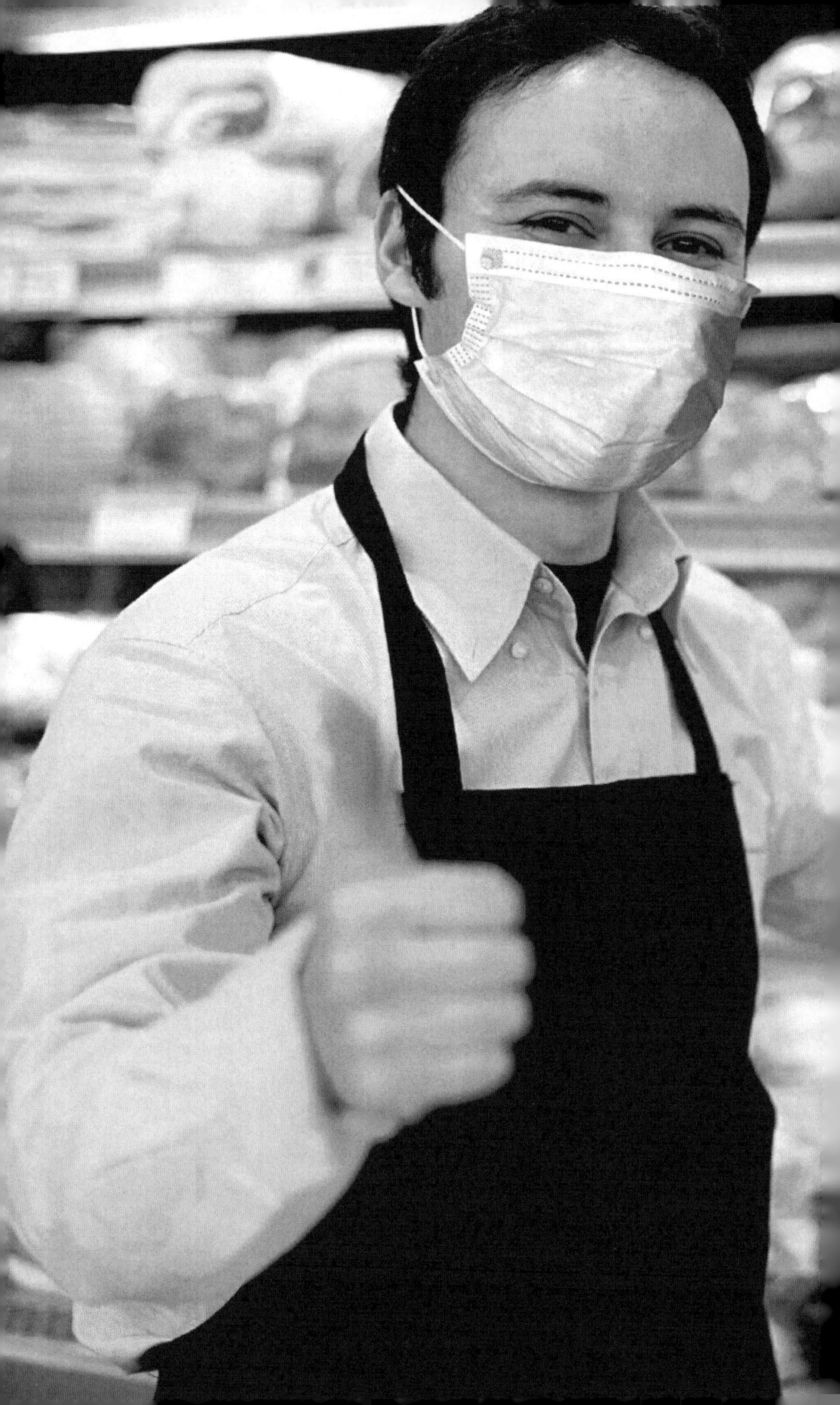

PARTE 2
PRÁTICAS

Capítulo 5

GESTÃO DA OPERAÇÃO

> *"O correr da vida embrulha tudo. A vida é assim: esquenta e esfria, aperta e daí afrouxa, sossega e depois desinquieta. O que ela quer da gente é coragem."*
>
> Guimarães Rosa

Por diferentes meios, o varejo busca avançar, ano a ano, na gestão de suas operações. No varejo supermercadista, são 90 mil lojas físicas no País, assentadas em 23 milhões de metros quadrados sobre os quais passavam, diariamente, em 2019, 28 milhões de pessoas[39], mais do que uma Austrália ao dia em clientes. Convenhamos: sem gestão eficiente, é praticamente impossível colocar de pé uma operação desta ordem, atender bem ao cliente e gerar alguma rentabilidade, cerca de 235 mil *checkouts* em operação nas lojas físicas e uma operação *e-commerce* em extraordinária ascensão desde 2020 – o ano da ameaça global da pandemia, que também atingiu o Brasil em cheio. A Covid-19 mudou hábitos e mergulhou inúmeras atividades econômicas no universo digital, estivessem cidadãos, empresas, sociedades e governos preparados ou não.

É neste cenário que situamos nossa contribuição ao compartilhar experiências profissionais acumuladas, perspectivas privadas e públicas, sempre que possível, nacionais e internacionais, com o eixo em predominância maior, naturalmente, no Brasil e em nossas

---

39. Vídeo institucional da Associação Brasileira de Supermercados (Abras). Disponível em: <https://www.youtube.com/watch?v=7aVNDueHIs0&feature=emb_title>.

circunstâncias. O varejo supermercadista tem uma presença absolutamente capilar, com 90 mil lojas no País e quase dois milhões de empregados, embora as 20 maiores redes concentrem metade do faturamento anual do setor[40]. Elas desempenham papel relevante para o avanço da atividade, junto às outras 915 integrantes do mais recente Ranking Abras 2020, em um total de 935 redes presentes no levantamento.

Os próximos capítulos procuram trazer aquilo em que mais acreditamos, independente do porte da empresa: o sucesso de uma operação depende de sua essência e excelência na eficiência. O ativo-chave para isto chama-se informação, o dado no maior detalhe possível e a cada momento real do que ocorre dentro da loja, bem como no formato *on-line*: que produto e em quantas unidades foi movimentado pelo cliente naquele instante. O olhar da realidade do que se passa na loja permite extrapolar o monitoramento de todos os processos que resultam no movimento interno e organizar a previsibilidade, o mais acurada possível, quanto à sequência de eventos que a operação envolve. Em outras palavras, saber o que ocorre entre a chegada do produto ao depósito e o registro no ponto de venda (PDV) é o elemento-chave para a gestão da operação.

As estatísticas ao fim do dia, semanais ou quinzenais, sobre o que foi comprado e chegou ao depósito e o que foi vendido e saiu por meio do *checkout* representam um importante dado gerencial que fala sobre o aproveitamento do abastecimento vis-à-vis da venda da loja. Correto. Mas não refletem a operação real entre essas duas pontas, o que se passou nos variados e sucessivos processos internos, na movimentação efetiva das mercadorias e na qualidade da interferência humana e do foco no atendimento, justamente onde existe a possibilidade de gestão para o sucesso da operação. Saber o quanto de combustível um avião consumiu em um voo e o tempo que levou no deslocamento entre duas cidades é relevante para a empresa e para o comandante. Para pilotar, contudo, todos os indicadores sobre o que acontece durante o voo determinam todo o resto.

---

40. Fonte: Abras, lançamento do Ranking 2020. Disponível em: <https://www.abras.com.br/clipping/noticias-abras/70791/ranking-abras-superhiper-e-lancado-em-evento-virtual-que-reuniu-2-mil-pessoas>.

Os sistemas de controle permitem acompanhar a operação, sua trajetória, onde os procedimentos seguem ótimos, onde as falhas acontecem e as tarefas de correção devem ser indicadas. O ciclo da operação ocorre de forma incessante. Exige gerenciamento, empenho, capacidade de ver a cada momento do dia itens como clarões nas gôndolas, rupturas no processo, descaminhos da movimentação de mercadoria, fluxo eventualmente desordenado, fora do roteiro previsto de colaboradores ou mesmo promotores de venda, afrouxamentos do processo. Por mais que gerentes, coordenadores, colaboradores e repositores estejam de olhos grudados no que se passa, a velocidade da operação não permite a máxima gestão.

Isto serve para as operações *on-line* e *off-line*. Não acreditamos exatamente que o comércio virtual vai acabar com a dimensão física do varejo ou que os dois formatos da operação sejam antagônicos e excludentes. O mundo físico reflete o mundo virtual, e vice-versa. É dinâmico. Sem a capacidade de manter funcionais os estoques, depósitos comuns ou dedicados como as *dark stores*, sem a etapa essencial do *picking*, que localiza e separa mercadorias, apenas para citar aspectos principais, não há venda digital. Da mesma forma, tudo dando certo nesta retaguarda física e no *input* inicial do *e-commerce*, via computador, aplicativo ou *smartphone*, sem a logística adequada e a última milha (ou last mile) ajustada e rentável, temos um problema que resultará em tudo o que desejamos evitar: uma experiência de compra deficiente.

Os mundos *off-line* e *on-line* não excluem-se um ao outro. O conceito do O2O trafega em mão dupla: *on-line to off-line*, mas também *off-line to on-line*. O que se procura é realizar compras estratégicas, manter estoques adequados e saudáveis financeiramente, eliminar perdas no processo e transitar em uma operação a melhor possível. Em paralelo, ouvir com clareza o que o consumidor deseja e agregar valor à sua intenção de compra. Acrescentem-se a isso processos simples, precisos e monitoráveis que, idealmente, indiquem tarefas imediatas de correção. Utilize-se tecnologia compatível com a capacidade de investir para conexões virtuais amigáveis, assertivas e dinâmicas. Descrito assim parece trivial, mas sabemos que isso não é pouco.

Uma gestão com este grau de eficiência demanda automação. Processos automatizados exigem inovação e tecnologia. Investimentos em tecnologia exigem recursos e, comumente, investe-se de forma modesta em tecnologia. Isto é compreensível, diante de tamanha dificuldade em empreender e avançar no dia a dia com mudanças repentinas de cenário. Dentro das circunstâncias da batalha diária pela manutenção e sobrevivência do negócio, inovação e tecnologia costumam ser vistas, muito habitualmente, como gastos, mais do que como investimentos que são. Investir exige disponibilidade de recursos e expectativas favoráveis para a frente. Investir sempre é uma decisão importante.

Nesta equação, contam a disponibilidade de recursos e o orçamento previamente traçado. No entanto, em um ambiente cada vez mais competitivo e dinâmico, como no varejo como um todo e no varejista em particular, a variável do retorno potencial da utilização de novas ferramentas é essencial, sobretudo o impacto de soluções sobre a rentabilidade do negócio a médio e longo prazos, justamente o que garantirá a sobrevida do empreendimento e sua prosperidade para acionistas, seus colaboradores e o resto da cadeia produtiva de que fazem parte. O dilema do investimento não é privilégio do varejo alimentar brasileiro, do porte do negócio ou da atividade econômica nacional.

As preocupações que cercam a tomada de decisão de investir formam uma equação, às vezes um dilema, transnacional (acontece em todos os países) e trans-histórico (em todas as épocas), assim como em diferentes áreas de negócios. No livro *Reengineering retail: the future of selling in a post-digital world*, o autor Doug Stephens explica que, em verdade, consumidores não estão em busca de experiências tecnológicas ou digitais pura e simplesmente. Inovações e tecnologias são um meio para desenhar, isto sim, conforme esperam os consumidores, experiências que o autor chama de únicas, memoráveis e de valor. Para isto servem os investimentos em inovação e tecnologia: para melhorar a experiência de compra do consumidor e sua vida, de modo geral.

Em estudo recente da McKinsey, publicado em janeiro de 2021, sobre a utilização de tecnologias para a formação de preço e como a transformação digital de preços pode ampliar as margens de dois a sete pontos, o que exige, mais uma vez, aqui também, alguma dimensão de arrojo, comenta-se que a inexperiência ou mesmo o preconceito poderia levar organizações a dar pouca consideração a ferramentas de tecnologia e que, talvez por isso, no lugar de avançarem em possibilidades, falhas em antigos processos acontecem. Tomamos emprestado deste trabalho da consultoria[41] a referência que faz a três grupos de empresas, que nos parecem interessantes e aplicáveis, de forma geral, a diferentes mercados e indicam, em resumo, três formas de cultura:

- **Aversão**
Algumas empresas são avessas à tecnologia. Elas acreditam que podem produzir o impacto de preços otimizados por meio de processos e políticas, sem depender muito de ferramentas e tecnologia. Sem este foco, as organizações lutam para implementar a governança e a responsabilidade certas para seus novos processos;

- **Crença exagerada**
No outro extremo, muitas empresas têm uma crença exagerada na eficácia de uma única ferramenta. Em grandes instituições, esta abordagem significa que unidades de negócios distintas – e gerenciadas separadamente – podem tentar implementar um único instrumento que definirá e conduzirá o processo global de preços;

- **No fluxo**
Uma terceira armadilha comum é uma abordagem de "construir conforme o uso", com base na crença de uma empresa de que pode atender às suas necessidades com ferramentas existentes e *ad hoc*, sem planejar mudanças. Muitas organizações que adotam esta conduta não investiram em sistemas robustos de gerenciamento de relacionamento com o cliente (CRM), processos de dados-mestre ou processos integrados de precificação.

---

41 Fonte: HUDELSON, Phil; MAGNETTE, Nicolas; MOSS, Stephen; PRABHU, Manish. Digital pricing transformations: the key to better margins. Disponível em: <https://www.mckinsey.com/business-functions/marketing-and-sales/our-insights/digital-pricing-transformations-the-key-to-better-margins>. 15 jan. 2021.

Pesquisa e desenvolvimento, países e ambientes

O grau de investimento em tecnologia e inovação, que pode variar entre setores da atividade econômica local, reflete direta ou indiretamente o próprio ambiente de cada país. Países desenvolvidos, em regra, dispõem de histórico, valores de aporte e volumes de iniciativas mais amplos que os outros, como os países em desenvolvimento, caso do Brasil. A maior e mais profunda amplitude destes investimentos gera, como contrapartida, graus mais avançados de pesquisas, resultados e tecnologias para usos diversos, junto à produtividade.

Em outras palavras, aceleram as soluções necessárias nacionalmente, com impactos regionais e mundiais. As inovações e as tecnologias são internacionalmente caras e este custo fica ainda maior com diferenças cambiais, custos da moeda forte de origem, royalties, transferência de tecnologia e comercial, ainda que o mercado internacional e a iniciativa privada busquem parametrizar diferenças.

Tomemos o exemplo do aspecto dos investimentos em Pesquisa e Desenvolvimento (P&D) no combate ao evento recente mais importante na história, que impactou todos os aspectos da vida no planeta. Como era razoável supor, países mais desenvolvidos e mais focados em inovação em tecnologia tomaram protagonismo na busca de pesquisas e soluções para a pandemia da Covid-19 – e não há dúvida de que é bom que tenha sido assim, pelo bem de todos! Aqui, mostramos apenas um comparativo, de que vale a pena lembrar, parar e observar para notar o pano de fundo que permite esta natureza da evolução dos países centrais em investimentos para o resto do mundo.

Veja o quadro a seguir:

AÇÃO ADOTADA		ESTADOS UNIDOS	REINO UNIDO	CANADÁ	ALEMANHA	BRASIL
Novos recursos para P&D e inovação	Em moeda local (bilhões)	6,1	1,31-1,35	1,3	2,1	0,47
	Em US$ (bilhões)	6,1	1,66-1,72	0,97	2,3	0,10
	Orçamento federal em P&D (%)¹	4,1	10,8	11,8	6,3	1,8
Grupo científico de assessoramento ao governo		Não	Sim	Sim	Sim	Não
Mecanismo de aprovação rápida de projetos de pesquisa e inovação relacionados à Covid-19		Sim	Sim	Não	Não	Não

IPEA Nota Técnica 64 - maio de 2020 / Política pública para pesquisa e inovação frente à Crise da Covid 19. Autoras: Fernanda De Nigri e Priscila Koeller

Os dados fazem parte da Nota Técnica nº 64, publicada pelo Instituto de Pesquisa Econômica Aplicada (Ipea), do Ministério da Economia, mais precisamente da diretoria que trata de estudos em inovações e infraestrutura, e aborda discursos disponibilizados para pesquisas sobre a doença, dentro da *big picture* do peso dos investimentos em P&D por países.

Mais ainda, o estudo[42] procura localizar como a própria capacidade de inovar das empresas pode estar sendo preservada com medidas, até como viabilizar que organizações inovadoras de menor porte, como *startups*, possam sobreviver à epidemia. O que importa, aqui, não é a comparação crua entre países – diferenças sociais, econômicas e políticas vêm de décadas, séculos, embora possam ser reduzidas ao longo do tempo –, mas a importância e o foco no papel da inovação e da tecnologia, em prazos mais longos do que o curtíssimo prazo.

---

42. Fonte: DE NEGRI, Fernanda; KOELLER, Priscila. Políticas públicas para pesquisa e inovação em face da crise da Covid-19. Brasília: Instituto de Pesquisa Econômica Aplicada (Ipea), 2020. Disponível em: <https://tinyurl.com/estudoipea>.

Mais uma vez, o reforço. Nosso livro não trata da pandemia da Covid-19, nem da comparação de esforços entre países, ainda que o evento tenha tornado-se o divisor de águas do século 21. A pandemia emergiu como um problema global que será eficazmente mais solucionado com articulação internacional, em busca dos bens maiores, que são a saúde e a vida. Também aqui não vai indicação sobre o papel ou não do setor público no incentivo ao desenvolvimento da inovação e da tecnologia, conquanto este seja de essencial importância para o aprofundamento das economias em geral; menos ainda para justificar que investimentos modestos empresariais, setoriais, estaduais, federais – todos sejam subordinados a uma *big picture*; apenas que a perspectiva mais ampla existe e merece algumas brechas em nossa mais do que acelerada rotina diária para contemplação, o que reconhecemos não ser nada trivial.

As apostas são de que 2021 será o ano de transição. Salvo qualquer catástrofe inesperada, os indivíduos, as empresas e a sociedade podem começar a olhar para a frente para moldar seu futuro, em vez de apenas trabalhar no presente, como define o relatório exploratório da renomada consultoria internacional. Espera-se. A torcida é toda esta, malgrado o ambiente de insegurança com o recrudescimento da pandemia no início do ano. O que importa é que a casa arrumada é saída tanto para os momentos de crise quanto para os de relativa normalidade ou nas disparadas de crescimento consistente dos bons tempos. Para isto, seguem os capítulos, primeiro com recomendações que nos são práticas e eficazes para a gestão operacional do varejo alimentar, suas diferentes formas de apresentação no País, espaços internos de operação e etapas selecionadas da operação, com perspectivas de como operações tendem a acontecer sem a adequada gestão e em que melhores práticas podem ajudar na sua vida, empreendedor, na dos consumidores e na sociedade.

Vamos lá.

Ações em pesquisa e inovação adotadas pelos países para fazer frente à crise da Covid-19

Capítulo 6

FORMATOS DE VAREJO ALIMENTAR

Embora o livro se concentre no varejo supermercadista, trazemos aqui os principais tipos de varejo alimentar, como moldura do setor, em loja e virtual. A divisão segue, basicamente, a apresentada no livro *Varejo no Brasil: Gestão e Estratégia*, aqui usado como referência.

Varejo alimentar com lojas[43]

Bares
Importantes canais de distribuição de bebidas alcóolicas e não alcoólicas, lanches e bebidas para consumo local e linha restrita de mercearia de consumo imediato.

Mercearias
Oferecem linha básica de produtos de mercearia, frios, laticínios e bazar, em geral onde não se justifica instalar supermercados compactos em função da renda local.

Padarias
A maior parte da receita é proveniente de fabricação própria de pães e bolos, em evolução, incluindo maior linha de produtos e lanches, autosserviço na mercearia, em regra preterindo comércio de bebidas; atende às necessidades de conveniência do consumidor.

---

43. Com base na divisão apresentada em: PARENTE, Juracy; BARKI, Edgar. Varejo no Brasil: gestão e estratégia. 2. ed. São Paulo: Editora Atlas, 2014. p. 14, 15, 19 e 20.

Minimercado
Linha de produtos como uma mercearia, já com *checkout*; mais forte em bairros de baixa renda e na periferia das cidades.

Sacolão
Inicialmente ligado a prefeituras ou governos, canal de distribuição principalmente de hortifrutis.

Loja de conveniência
Principalmente junto a postos de combustíveis, com funcionamento 24 horas; modelo vindo do mercado dos EUA, em especial na década de 1980.

Supermercado compacto
Linha completa, porém compacta, de produtos alimentícios, na forma de autosserviço, com checkout e produtos dispostos de forma acessível; uso de cestas e carrinhos.

Supermercado convencional
Porte médio, como loja essencialmente de alimentos; variedade de produtos; grande parte das redes de supermercados operam lojas neste formato.

Supermercado de desconto (*hard discount*)
Loja simples, modesta em serviços, agressiva em preços, muito forte no mercado alemão.

Hipermercados compactos
Versão comprimida do hipermercado, com os mesmos itens de produtos, em quantidades menores, em geral com seções não alimentícias típicas de hipermercados em espaços internos menores.

Hipermercados
Grandes lojas de autosserviço, com 6 a 10 mil metros quadrados; ordem de 50 mil itens alimentícios e não alimentícios, preços competitivos, com proposta de todas as compras serem feitas em um lugar único.

Atacarejo (*cash and carry*)

Combina os formatos de atacado de autosserviço com hipermercado; custo operacional baixo, preço competitivo.

Clube atacadista

Grande loja, com operação tanto de varejo ao consumidor final como de acatado, como comerciantes, operadores de restaurantes, dentre outros. Difere do atacarejo porque, neste modelo, o consumidor participa como membro do "clube atacadista".

Varejo sem loja

Marketing direto

O varejista comunica ofertas por meio de catálogo físico ou *on-line* e os consumidores efetuam compras por computador, telefone, correios.

Venda direta

Sistema direto de venda ao consumidor, por contato pessoal, conveniência de compra em casa, com processo decisório facilitado por menos alternativas de marcas a escolher e até aconselhamento pessoal.

Varejo virtual

Formato de enorme importância, com tendência a evoluir e aumentar ao longo do tempo; homepage do site desperta a atenção ao primeiro contato.

Capítulo 7

SEÇÕES DENTRO DE UM SUPERMERCADO

Os espaços de lojas de supermercados[44] agrupam produtos e serviços para o funcionamento organizado da operação. A fácil localização de cada um favorece a atividade física e mesmo a virtual, com base na categorização do livro *Gerência de Supermercado: Gestão e Processos*. Não incluídos abaixo, outros espaços da atividade ganham espaço físicos, como as chamadas *dark stores*, que na prática representam espaços físicos para armazenagem, separação e posterior envio de produtos originados na operação *online*.

Açougue
Altamente perecível, higiene e qualidade ainda mais rigorosamente seguidas.

Salsicharia
Laticínios, frios, salgados, embutidos, industrializados processados ou manipulados, comercializados em porções, em regra, menores do que as embalagens originais dos fornecedores.

Produtos de Autosserviço e Congelados (P.A.S.)
Produtos de autosserviço, como uma mercearia refrigerada.

---

44. Com base na categorização em: LAPA, João Carlos. Gerência de supermercados: gestão e processos. São Paulo: Editora Senac, 2017. p. 37 em diante.

Frutas, Legumes e Verduras (FLV)

Conhecidos como hortifrutigranjeiros, polo de concentração de consumidores, pela evidência no momento, aspecto da alimentação saudável. A qualidade do produto ofertado marca a diferença para os consumidores, junto à higiene.

Rotisseria

Produção e comercialização de pratos prontos, nem sempre em todas as lojas, estes ingredientes exigem, principalmente, qualidade e higiene, como também atenção aos custos.

Padaria e confeitaria

Atração para a loja, pães produzidos na hora, fluxo diário ou semanal de clientes, grandemente em função da distância da loja ao consumidor.

Mercearia e bazar

Em geral, o maior espaço da loja em vendas, composto por alimentos, produtos de higiene e limpeza industrializados, utilidades domésticas e margens de rentabilidade mais elásticas.

Frente de caixas

Cartão de visitas e ponto essencial, onde trafega 100% do faturamento, ponto crítico, portanto, nas perspectivas do atendimento ao cliente, assim como a segurança, forçando monitoramento constante de gerentes e colaboradores.

Área administrativa[45]

Onde gerentes e coordenadores de setores lançam pedidos de compra, reavaliam indicadores e tratam de questões administrativas.

---

45. Esta área foi acrescentada à categorização original do livro.

Capítulo 8

50 DICAS, DO ALFINETE AO FOGUETE

Em tópicos encadeados, estão observações, dicas e sugestões para alcançar a excelência na gestão do varejo alimentar. Enfrentar os desafios, aprender a cada dia e aperfeiçoar a cultura interna. A atenção e o compromisso fortalecem o espírito de empreender. A gestão do conhecimento adquirido e a capacidade de inovar definem o futuro da operação do negócio.

1. Vislumbre a utilização da tecnologia como uma aliada necessária. O mundo em que vivemos hoje está baseado em tecnologia e inovação;

2. Isto serve para todos os portes de varejo alimentar, cada um em seu estágio e em seu modelo de negócios;

3. Quem não acompanhar os desenvolvimentos em curso corre o risco de perder relevância ou ficar fora do mercado;

4. Experimente encarar a tecnologia como investimento, não apenas como mais um de seus gastos;

5. O nome do jogo é retorno. É fundamental dimensionar o retorno frente ao capital investido;

6. Qual será o resultado em correção de perdas operacionais e reversão em faturamento adicional?;

7. Há boas soluções nos mercados interno e externo. Pesquise. Interaja com seu time executivo. Volte ao fornecedor se preciso for ou busque outro;

8. Planejamento e foco são essenciais para o ingresso em novas soluções em tecnologia e inovação para o negócio;

9. Operações são a alma de uma loja. A repetição de falhas pode drenar a energia já direcionada para o atendimento e a lucratividade;

10. As variáveis incluem tipo, volume e categoria do produto; diagnóstico preciso do estoque; movimentação de produtos dentro da loja;

11. Estes são apenas alguns exemplos. Nos próximos capítulos, avançaremos na matriz de informações necessárias para a boa gestão;

12. O acompanhamento dessa matriz de dados exige captura e tratamento da informação, análise, verificação de oportunidades de melhoria;

13. As variáveis dão-se em grandes quantidades e exigem processamento simultâneo para gerar tarefas imediatas de correção;

14. A análise automatizada e integrada vem sendo usada para reduzir o tempo de diagnóstico e agilizar a correção de rumos;

15. Em regra, o objetivo de todo o varejo é conquistar a capacidade de ter este gerenciamento on-line e em tempo real;

16. Varejistas de menor porte relatam dificuldade em acompanhar e fazer frente a projetos de tecnologia. Isto é natural;

17. Comumente argumentam que já praticam os formatos de gerenciamento há tempos e eles dão conta de fechar cada dia;

18. Isto é verdade. A questão é como são os resultados alcançados hoje e o potencial com modelos alternativos de gerenciamento;

19. Padronize o cadastro de produtos nas lojas de sua rede, sejam elas duas ou 200. O mesmo na interface com a operação *on-line*;

20. A consolidação de informações precisas e nas mesmas bases é o que permite a agregação de dados, acelerando diagnósticos e soluções;

21. O contrário disto seria o mesmo que o departamento de Recursos Humanos trabalhar com três ou quatro CPFs por funcionário;

22. Para o *e-commerce* não é diferente. A retaguarda de produtos físicos exige fluxo dinâmico em todas as cadeias internas da venda digital;

23. Erros de localização, demora na separação de produtos e falta de espaço apropriado para a operação digital podem travar a venda *on-line*;

24. Para o *e-commerce*, pode ser essencial alocar produtos em separado do resto do estoque para atender a pedidos com mais velocidade e menos riscos;

25. O controle preciso e ótimo do estoque de sua unidade é ponto de partida para o circuito da operação, operacional e financeiro;

26. Estoques ajustados garantem um ciclo operacional mais previsível e, especialmente, alcançam os menores detalhes possíveis;

27. O registro da passagem de mercadorias do estoque ao salão da loja elimina riscos de mistérios de produtos desaparecidos;

28. O acompanhamento do fluxo dos itens na gôndola traz o dado-chave que determina o atendimento imediato do cliente – ou sua impossibilidade;

29. Isso influencia a experiência do cliente no momento e, por isso, o sucesso ou o fracasso de uma venda determina a reputação que daí resultará;

30. Da mesma forma, simplificadamente, são estes dados que darão origem aos próximos ciclos de compra de mercadorias e novos estoques;

31. A operação dentro de parâmetros controlados ajuda, ainda, a lidar com os imprevistos naturais da atividade comercial;

32. Isto acompanha o monitoramento dos colaboradores e oferece roteiros ótimos para as tarefas definidas;

33. Além dos colaboradores, a matriz pode agregar a evolução de promotores de venda em critérios como tempo trabalhado e escopo alcançado;

34. De resto, a visão ampla da operação indica a necessidade de treinamento e capacitação regular dos colaboradores;

35. E, de novo, quanto mais azeitados a operação e o uso da automação possível ao seu varejo, mais livres ficam os colaboradores para a atividade-fim;

36. A razão de ser do varejo é atender ao cliente. No ambiente pós-Covid-19, os momentos de compra reduziram-se e incluíram mais produtos;

37. É nesta janela que a interação colaborador-cliente se dará cada vez mais, por isso a necessidade da capacitação e o foco do colaborador em atender;

38. A automação tende a liberar colaboradores para tarefas mais diretamente ligadas ao core da atividade;

39. Informação é um bem tão essencial para o negócio quanto as mercadorias. A gestão das vendas depende dos dois;

40. Esteja dois passos à frente. Utilize sua matriz de informações na operação para extrair visão global e indicadores antecedentes de riscos possíveis;

41. Lembrando que o uso da tecnologia, embora exponencial, vai até certo ponto. A partir daí, as pessoas são essenciais;

42. A robótica, em franco avanço, não é uma panaceia: amplifica a potência do varejo, mas não dará conta de todas as etapas físicas ou digitais;

43. Encare cada loja como uma empresa, com diferentes áreas e rotinas estabelecidas. Ao fim do dia, ela terá de apresentar seu resultado;

44. Para os fornecedores de tecnologia, o trabalho é receber desafios com grau de dificuldade 10 e devolver soluções com grau de dificuldade zero;

45. Mesmo que sua solução para o varejo seja tecnologicamente avançada, ela precisa ser simples para quem resiste à compreensível tentação de responsabilizar o fornecedor por falhas na operação;

46. Certamente, ele deve assumir 100% da sua responsabilidade, mas matar o mensageiro de notícias engarrafa o processo de transformação;

47. Afinal, fornecedores e varejo trabalham na mesma direção: corresponder à escolha e à experiência do consumidor;

48. Um lembrete adicional, para toda a cadeia do varejo alimentar: o mundo caminha cada vez mais para o sentido da sustentabilidade;

49. A pandemia aumentou este compromisso. Faça parte deste movimento, da forma possível;

50. A prosperidade do planeta é um bem compartilhado.

Capítulo 9

PEDIDO E PREÇOS

A operação do pedido precede a formação do estoque. Este fluxo é contínuo. A formação de preço é essencial para a rentabilidade do negócio e, da mesma forma, um dos maiores riscos: um erro e o efeito sobre a performance podem ser imediatos diante da concorrência.

Os desafios na formação de preço são enormes. Resultam de uma série de funções: custo de aquisição de mercadoria, custo de oportunidade, capacidade logística, centro de distribuição, capacidade de rodar o produto de forma rápida, evitar rupturas em todo o projeto, perdas e sortimento.

Aqui também aparecem situações de equilíbrio ou desequilíbrio concorrencial. A lista vai longe e inclui ainda fatores que podemos chamar de exógenos, palavras que os economistas gostam de usar para referirem-se ao que não se relaciona diretamente ao negócio.

Estes fatores estão sempre presentes. De forma geral, entram aqui o ambiente econômico, a situação do emprego e da renda, em última análise, aquilo sobre o que não há controle. Isto sem falar em outros fatores, que podemos chamar de exógenos ou externos à cadeia da operação, ainda que a impactem direta ou indiretamente.

Aqui vamos tratar do assunto de rentabilidade ótima das margens em suas etapas bem iniciais, que podem determinar consequências desejadas ou inesperadas.

Grosso modo, o resultado da operação da loja resulta de duas margens. Elas costumam ser chamadas de *front margin* e *back margin*. Elas se referem, na prática, às etapas anterior e posterior da sua operação.

A *front margin* vem de quem comprou o produto. Representa, basicamente, o valor da venda ao consumidor pelo custo do produto acrescido proporcionalmente dos encargos da atividade, que são o aluguel da edificação, a folha de colaboradores e os custos fixos.

Já a *back margin* vem da etapa anterior, do fornecedor. Um exemplo, aqui, é a receita decorrente de um ponto nobre da loja, como uma ilha onde o fornecedor faz o lançamento de um produto ou uma promoção.

Esta margem é particularmente interessante quando você opera em um mercado deprimido pelo cenário macroeconômico (desemprego, queda na renda, dificuldade de crédito) com razoável equilíbrio econômico, em que a competição é variada e acirrada. A *front margin* tende a encolher neste caso.

Aproveitando que abordamos as duas formas de margem – "front" e "back" – e o motivo das duas palavras, vamos desenhar um pouco como é a cadeia produtiva de alguns produtos que representam a operação do varejo alimentar. Escolhemos o pãozinho francês como protagonista.

A padaria que citamos bem poderia ser, naturalmente, uma loja de autosserviço que o produz diariamente. O exemplo segue precisamente por hipóteses de riscos. Um sobressalto ou uma crise pode afetar toda a cadeia.

Não há pão francês se a padaria não receber os sacos de farinha produzidos pelos moinhos de trigo que, por sua vez, dependem do trigo para fazer a transformação. O cultivo do trigo precisa de sementes e insumos para o seu fortalecimento.

O varejo alimentar também experimenta esta lógica. A seguir, vamos tratar de uma situação prática que envolve margens, estoque, giro de capital e venda na loja. O casal de protagonistas será formado pela lã de aço e o leite integral.

A história conta sobre a tentativa de agarrar algo como se fosse a maior oportunidade da vida, acreditando que todo cavalo que passa à frente está encilhado e basta pular em cima dele rumo ao final feliz. O título dela é inspirado na prática jornalística, afinal, é uma notícia interna.

Estoque aceita desaforo e ofende a rentabilidade

Absolutamente necessária no dia a dia, a lã de aço tem, proporcionalmente, um giro menor e, de certa forma, é mais inelástica à variação de preço e, portanto, gera menos mudanças no consumo do cliente. Mas você conseguiu uma excelente possibilidade de compra, de momento, com um desconto incrível. Na melhor das intenções, foi feito um pedido arrojado que, ao chegar, ocupou um quinto do estoque da loja. O leite longa vida funciona de forma razoavelmente diferente ao estímulo de preços. Seu consumo responde a pequenas variações, com resultados imediatos. Além disso, é um produto importante no mix de venda. Por hipótese, um desconto de 15% impacta diretamente na oportunidade de compra do produto. Imaginemos que a oferta duplique a comercialização. Ao fim do dia, em razão do extraordinário aumento de vendas do produto, foi combinada compra adicional e em grande volume de leite longa vida. Tão logo a decisão foi tomada, um colaborador entra na sala para avisar que não há onde colocar todo o volume do item; ele nunca tinha visto tanta lã de aço na vida como lá no estoque. Não sobrou espaço para a compra estratégica de leite em caixa. Alguns chamam essa compra de especulativa. Isso não é errado e a aposta equivale à dinâmica do mercado acionário: comprar hoje um papel barato e vender em algum prazo mais para a frente a valor maior. O ganho é a diferença. O problema é que o estoque não aceita desaforo e ofende a rentabilidade. Serão meses até a venda do volume de lã de aço comprado em excesso e, como decorrência, deixa-se de comprar e vender outro produto a custo adequado e oportuno para atender à demanda.

Como tratamos no capítulo de apresentação da parte II deste livro, formatos de automação, consolidação e aceleração do tráfego de dados ajudam muito na gestão da operação.

No caso das margens, um software apropriado para este nicho parametriza os dados, calcula margens e oferece um preço de venda. Isto não é pouco no ritmo intensivo do setor.

Um sistema de gestão operacional capaz de agregar as informações do que se passa dentro da loja é bem-vindo e ajuda a encontrar parâmetros reais para a tomada de decisões, inclusive de compras.

O gerenciamento por categoria, que vamos abordar em outro capítulo desta parte, é outra ferramenta decisiva para modelar sua tomada rotineira de decisões. Ele leva em conta desde negociação e estoques disponíveis até a melhor localização de cada produto para atender ao consumidor, o que aumenta a produtividade da operação e a rentabilidade do negócio.

Capítulo 10

ESTOQUE

O desafio do estoque começa na operação do pedido. As duas etapas integradas podem representar, talvez, o maior dilema no varejo alimentar quanto a rentabilizar toda a operação. Ele consiste em ter um estoque coerente com o que se pretende vender. Parece simples, mas não exatamente.

A equação consiste em ter uma cobertura de estoque capaz de atender à demanda do salão e aumentar as vendas, sem a necessidade de acumular um volume tão grande de abastecimento ou praticamente construir um minicentro de distribuição ao fundo da loja para atender ao salão.

Idealmente, a busca será perseguir o menor estoque possível para não perder vendas e rodar com uma margem de segurança capaz de suprir os momentos de maior demanda e expansão do movimento.

De forma concisa, quanto maior o estoque, maior o compromisso do capital de giro. Em paralelo, o estoque inchado prejudica a operação como um todo.

Imagine o que fazer ao receber um pedido essencial de mercadoria para vendas que voam dentro da loja com um estoque abarrotado e que sequer permite o aporte dos produtos aguardados? Falta lugar. Que solução dar a isto?

De outra forma, o volume de produtos comprados em excesso, além de ocupar espaço, gera o risco de vencimento do prazo de validade sem que ao menos a mercadoria chegue aos olhos do consumidor.

Considere o abastecimento suficiente de sua loja para um ciclo de 50 a 70 dias – lembrando que operações distintas em porte, localização e propósito influenciam o parâmetro, que aqui surge como ilustrativo.

Quanto maiores a inteligência de compra e o conhecimento detalhado do ciclo de vendas, maior será a assertividade do seu pedido de produtos.

A melhor informação depende de uma gama ampla de variáveis, que podem ser ruptura de exposição, perda de produtos, alteração no fluxo interno de mercadorias, oscilação no fluxo de pessoas, em especial em momentos de tensão econômica ou crises, até mesmo uma pandemia.

Há causas variadas para problemas na formação do abastecimento da loja. Algumas delas podem ir em paralelo a outras, gerando o risco de criar falhas sobre falhas, o que aumenta a complexidade da solução. Veja situações potencialmente perigosas para o fluxo normal da operação.

A seguir, algumas das principais causas de erros nos estoques

- Erros no recebimento (quantidade, qualidade, preço)
- Inversões de códigos
- Erros de lançamento no sistema
- Erros de contagens de estoques e inventários
- Erros no uso e no consumo de mercadorias
- Erros nas embalagens
- Alterações de EAN pelo fornecedor
- Falta de lançamento de quebras
- Falta de receitas e rendimentos
- Ausência de inventários frequentes
- Erros de processamento
- Furtos e fraudes diversas

É preciso integrar e processar todas as informações disponíveis para formar a matriz ideal para o ciclo do pedido e de formação de estoque. Os sistemas automatizados permitem melhor diagnóstico, muitas vezes indicando tarefas a ser cumpridas, evitando casos impensáveis, como produto perdido no estoque e no salão de vendas. Veja o caso abaixo:

Caçadores do palete perdido

Tudo funciona bem. As vendas repetiam média razoável nos últimos 12 a 18 meses. Em determinado momento, chama a atenção a insistência do vendedor para ajustes nos pedidos. Ele argumenta que viu que faltava o produto onde sempre existia uma base para o atendimento. O time do varejo tem a informação de que o ciclo de reposição corria bem. Passam-se dias, o vendedor volta preocupado, sugerindo uma conversa. Não acha que devemos calibrar a dinâmica de abastecimento. A resposta parecia pronta quando surge a informação do que ocorreu no último mês: todo o produto exposto havia sido comprado em apenas um dia e, em seguida, o comprador cancelou o pedido. Um estoque grande, dois paletes, que constavam do saldo de estoque e que estavam perdidos, ou seja, não estavam em seu lugar. O resultado é a insegurança nos dois lados da negociação e começa uma cena equivalente a "Caçadores do Palete Perdido". Todos muito ocupados, a loja enorme, vendas aceleradas. Não sobravam pessoas para solucionar o problema, até que, do fim do corredor, vem um colaborador ofegante alertar que os dois paletes do produto haviam sido deixados em um canto distante dentro da loja. Outro colaborador lembra ter visto um homem, com um assistente, falando nervosamente ao telefone e caminhando em direção ao checkout, com filas enormes.
Por algum motivo, no caminho para buscar outra mercadoria da lista, esquecida, ele larga todo o material em um canto, justamente porque acreditava que voltaria para levá-lo, no máximo, no dia seguinte. Não é difícil notar a sucessão de falhas.

Capítulo 11

GÔNDOLA

Caso tivesse que indicar um, e somente um, lugar mais importante em uma loja do varejo alimentar, eu não teria dúvidas em responder. O lugar é sobre o qual precisamente o produto está à venda. Onde ocorre o movimento que define a atividade comercial, quando o consumidor estica o braço para pegar o item ou seleciona a opção e clica na venda *on-line*. Este lugar é a gôndola. Diante dela, acontece a mágica do varejo, quando a mercadoria certa vai para as mãos do cliente preciso. Ali acontece o fato da venda. A partir do conhecimento real e concreto deste momento, é possível avançar nas etapas da gestão interna da loja ou do *e-commerce*. Na coleção que este livro integra, uma edição trata inteiramente sobre a importância do planograma, o planejamento das gôndolas.

Naturalmente, para isto, cada produto necessita chegar a esta localização a tempo e à hora e estar estrategicamente localizado na categoria exata e dentro dela, na subcategoria precisa. Daí vem a ideia de que o sistema automatizado de gestão operacional e o gerenciamento por categoria são primos de primeiro grau. As duas ferramentas rodam com parâmetros próprios para o sucesso de toda a operação. Adicionalmente, contam com o apoio do planograma, desenho que orienta a localização do produto na gôndola, como nos demais espaços de venda do supermercado, na prateleira exata, com a companhia pré-definida de outros produtos, e quase sempre do concorrente, o que explica a forte disputa por espaço nesta vitrine. O planograma poderia ser um primo de segundo grau.

Tornando a operação simples, o gerenciamento por categoria assegura o melhor mix de produtos em loja, aumentando o potencial de giro das mercadorias, a fim de alcançar o melhor atendimento ao consumidor e, com isso, a máxima rentabilidade das categorias. A metodologia utiliza informações de vendas geradas na loja, cruza com perfil e hábitos de compras de consumidores e pode incluir a troca de informações com os fornecedores. Um trabalho forte, com quem os sistemas de gestão interna colaboram imensamente. Imagine como foi o emprego de categorias especialmente nos primeiros meses da pandemia. Que produto expor? Para onde o consumidor vai correr? Sem insumos e com a logística comprometida, o que o fornecedor entregará?

As angústias foram intensas. Elas cristalizaram numa extraordinária sucessão de fatos, dentro e fora da cadeia, as dúvidas e tomadas de decisão que em tempos de normalidade acontecem, com parâmetros mais esperados. A venda de massas instantâneas avançou bem mais forte do que a de biscoitos. Produtos de higiene avançaram tremendamente. Nestas e em outras categorias, supermercados e fornecedores precisavam sentar lado a lado para entender o que se passava, da forma mais transparente possível. Na proteína animal, foi quase uma tempestade perfeita: efeitos da Operação Carne Fraca[46] da Polícia Federal, greve dos caminhoneiros, a Covid-19 e seus impactos. A operação do varejo alimentar foi impactada e o estado das gôndolas indicou isso.

O sistema de gestão em loja procura organizar a operação. Conforme o raio da automatização, identifica com precisão a falta de um produto na gôndola e a sucessão de falhas que podem ter resultado nisto, que chamamos de ruptura de exposição. A ruptura dói no bolso dos negócios e fere a alma do consumidor. Depois de vencer todos os tipos de obstáculos do seu dia a dia para, enfim, pegar na prateleira da gôndola o que listou, a ausência do item gera no consumidor desde uma insatisfação passageira até o

---

46. Fonte: HUDELSON, Phil; MAGNETTE, Nicolas; MOSS, Stephen; PRABHU, Manish. Digital pricing transformations: the key to better margins. Disponível em: <https://www.mckinsey.com/business-functions/marketing-and-sales/our-insights/digital-pricing-transformations-the-key-to-better-margins>. 15 jan. 2021.

desgosto, que pode significar um cartão amarelo para a loja, ou pior, o cartão vermelho para a rede dentre os locais de sua preferência para o abastecimento.

No *delivery*, a mecânica da ruptura é similar. Acontece quando um pedido é feito, por exemplo, pelo *WhatsApp* e, minutos depois da encomenda, chega para o cliente a mensagem de que, na verdade, não tem o produto da marca escolhida para a compra. A mercadoria pode estar em falta na gôndola, estar perdida em uma das etapas da loja, ter sido lançada erradamente no inventário, dentre outras possibilidades, que em nada modificam a insatisfação do consumidor.

Acontece o mesmo quando o cliente faz uso de um dos serviços de aplicativo que coletam o pedido no mercado. O prestador desta modalidade de *delivery* já chega sob a pressão do mundo de entregas que precisa fazer, em sua moto, em pouquíssimo tempo. Quando não encontra o pedido exato feito pelo aplicativo, fica aflito por não saber que similar poderá pegar sem desfigurar a demanda ou, por pressa, pega qualquer item que apareça pela frente e que acredita que dará resultado. No *e-commerce*, um dos principais riscos é o produto não ser localizado no estoque ou, na hora de ser separado, não entrar na caixa ou ter sido substituído por outra mercadoria.

Em comum, as situações descritas – do mix eventualmente mal calibrado até a falta do produto aos olhos do consumidor – resultam em perda de venda potencial que poderia ter sido evitada. Senão, vejamos. Admitindo, por hipótese, que a loja tem um índice de ruptura geral de 30% do total de itens: o teto de vendas cai, imediatamente, de 100% para 70%. Ou seja, a cada 100 produtos, ela só poderá vender 70. Imagine, ainda em nosso laboratório de cálculo, que o índice de ruptura foi derrubado de 30% para 5% dos produtos totais. A chance de venda aumenta porque, a cada 100 produtos de fato, na realidade, ela terá chance de 95 vendas possíveis!

Pondo na ponta do lápis: considere que, se os 100% de produtos comprados fossem vendidos resultariam, por hipótese, em R$ 1 milhão no mês. Ótimo. Com uma taxa de ruptura de 30%, o restante todo sendo vendido geraria receita máxima de R$ 700 mil ao fim do mês. Ruim. Considere, agora, que a taxa de ruptura encolheu para 5% do total de itens. Caso os 95% restantes fossem vendidos, a receita potencial seria maior, de R$ 950 mil, 26% maior do que o potencial menor com a ruptura maior. Em números absolutos, a diferença mensal de R$ 250 mil significaria que, a cada quatro meses, o faturamento adicional totalizaria R$ 1 milhão e R$ 3,6 milhões ao fim do ano. Se este potencial não é capturado e o concorrente do outro lado da rua tiver rupturas mais baixas, este potencial vai de presente para ele.

O controle destas variáveis é o seu melhor aliado no combate à ruptura e a outros desvios de resultado. Tanto mais automatizado o processo, quanto mais é possível identificar ineficiências. O nome do jogo, aqui, é checar no detalhe aquilo que, no agregado, não é possível enxertar. E o menor detalhe relevante em uma operação é a unidade de produto e o lugar em que está – ou deveria estar. Tudo feito no estado da arte, uma checagem é crucial: etiqueta de preços. É fundamental checar se há etiqueta equivalente ao produto exposto, se os dados estão corretos e se o código de barras está claro e acessível.

A automação acelera os procedimentos internos, podendo chegar ao acompanhamento em tempo real e à utilização do reconhecimento de imagens. Isto permite adensar a frequência, muitas vezes longa, de semana ou quinzena para as conferências necessárias, quando o colaborador não dispõe da tecnologia ou o processo repete-se em etapas distanciadas de tempo. A aceleração dos processos acaba favorecendo a operação como um todo, o que leva o produto certo ao lugar exato, conforme definido pela gestão de categorias. Nada desprezíveis, operações azeitadas reduzem o tempo necessário de interferência humana, que passa a ficar disponível para a essência do negócio, atender ao consumidor, vender e estar a postos para os momentos de tensão, crises e imprevistos – porque eles acontecem e, quando acometem uma operação bagunçada, a superação é exponencialmente mais difícil e demorada.

Capítulo 12

ATENDIMENTO

Uma gama de ditados e frases assertivas para treinamento de pessoal sempre esteve presente em todas as atividades econômicas, ainda mais nas áreas de comércio e serviços. A frase "O cliente sempre tem razão" é uma das mais arraigadamente transferidas de geração a geração. Mas, em todas as vezes, o cliente tem mesmo razão? De outra forma, olhando o mercado ao redor, esta frase antiga que se encaixa como luva é apenas referência, de fato, marcante?

Não é o patrão quem paga os salários. Os patrões apenas controlam o dinheiro. Quem paga os salários é o cliente[47]. Comenta-se, ainda, que o bom atendimento recebido é mais lembrado de forma duradoura do que um dia de promoção, e até mesmo que o sucesso de uma abordagem é ver as coisas também do ponto de vista da outra pessoa e que as pessoas vão esquecer o que você disse, vão esquecer o que você fez, mas nunca vão esquecer como você as fez sentir[48].

Existem duas coisas comuns às empresas que dão certo: atendimento e inovação. Você precisa ter um atendimento ao cliente de primeira. E estar atento ao que há de novo no mercado, para não

---

47. Adaptado de Henry Ford, empresário da indústria automobilística. Disponível em: <https://www.forbes.com/quotes/4096>.

48. Maya Angelou, escritora, educadora e ativista. Disponível em: <https://twitter.com/drmayaangelou/status/1036327789488734208?lang=en>.

ficar para trás[49]. E lembre-se: crise é uma chance de você mostrar seu valor quando quase tudo à sua volta está perdendo valor[50].

Que tal? Será que respondi às perguntas iniciais? Os dois parágrafos anteriores foram compostos de citações selecionadas de empreendedores do varejo e da indústria e de especialistas renomados em gestão, além de um dos principais líderes políticos do século 20. Não necessariamente o cliente tem sempre razão. Mas é bom ter em mente que é a sua experiência de compra que perseguimos ininterruptamente tornar excelente, agregando valor à sua vida, na forma de produtos e serviços.

Ainda mais a partir de 2020. O cliente que sai do primeiro ano da crise da Covid-19 chega empoderado a partir de 2021. Ele aprendeu a exercitar seu direito de escolha em um ambiente socialmente adverso, marcado pelo isolamento social, por meio de plataformas digitais que não havia pensado em utilizar e pela variedade do chamado *omnichannel*. É claro que muitas destas tendências vinham de anos anteriores. Mas até quem já dava seus passos iniciais exercitou ainda mais a musculatura da compra virtual.

Uma estratégia de *omnichannel* acontece quando há abordagem de marketing multicanal com o *shopper*, que leva em conta desde o atendimento a este *shopper*, passando pelo processo de decisão e de compra de forma integrada, apresentando uma mesma comunicação. Podemos resumir esta tendência à forma como as marcas podem trabalhar para que o consumidor não sinta nenhuma diferença entre a exposição *on-line* e *off-line*. A integração entre lojas físicas, virtuais e compradores, convergindo todos os canais utilizados por uma empresa, é chamada *omnichannel*, de acordo com o Clube do Trade. Saiba mais sobre o assunto no livro *Jornada Omnishopper*, de Daniele Motta, que faz parte da coleção Varejo em foco.

---

49. Luiza Trajano, fundadora da Magazine Luiza. Disponível em: <https://revistapegn.globo.com/Mulheres-empreendedoras/noticia/2015/10/8-frases-de-luiza-trajano-e-sonia-hess-para-inspirar--empreendedores.html

50. DINIZ, Abílio. Crise: perigo ou oportunidade. In: Jornal do Empreendedor. Disponível em: <https://tinyurl.com/abiliodiniz>.

O cliente quer chegar à loja, achar o que procura e sair o mais rápido possível. Então, esta é a melhor forma de fidelizar, com processos que tenham eficiência operacional, redução de perdas, frente de caixa eficiente, preços bons, sortimento e uma atenção justa e sincera. Isto guiará a satisfação e, assim, a fidelização de seus consumidores, garantido que tudo flua da melhor forma, seja nas lojas ou na opção via e-commerce, uma experiência em paz.

O cliente assiste a tudo

Transparência. Não poderia haver outra saída. Tradicionalíssimo em sua cadeia de fast food alimentar, o empreendedor da rede de restaurantes enfrentava a primeira crise de confiança e credibilidade. Por algumas semanas, clientes fiéis de sua rede de alimentação deixavam de frequentá-la e cresciam rumores a respeito de ingredientes usados na receita de mais de três décadas. As fórmulas adotadas para superar o problema envolveram ações reputacionais, propaganda, campanhas de descontos. Até que a rede decidiu partir para a tecnologia aliada à transparência. Os circuitos internos de imagem foram reforçados e, desde então, por meses a fio, ao menos cada loja tinha uma ou duas televisões cuja programação, 24h por dia, eram as cenas da área interna do restaurante. Não haveria dúvidas. A ação gerou desconfiança, inicialmente, mas, como se diz: não há nada como a luz forte e inclemente do sol para eliminar qualquer sombra de dúvida possível.

Capítulo 13

CAPITAL HUMANO

Assim como médicos e enfermeiros estão para a saúde pública durante a pandemia, os colaboradores do varejo alimentar estão para o abastecimento da sociedade. Colaboradores são a contraparte interna dos consumidores: desta relação também depende o bom andamento da operação. E, neste contexto, o contato direto na linha de frente com os riscos e desafios da Covid-19 recaiu sobre eles, em uma atividade econômica que sequer parou.

Não foram poucos os *webinars* sobre os desafios do varejo alimentar em 2020. Mas um deles chamou a atenção, quando empresários e executivos do varejo e de indústrias agradeceram o papel dos colaboradores pelo suporte às empresas e à sociedade no ano da pandemia, ao fim da terceira edição do *SA Varejo Webinar Series*[51], com direito a aplausos para todas as equipes do varejo e da indústria.

O capital humano, no varejo alimentar, convive com um paradoxo histórico. Precisamos falar sobre ele. É sabido que há casos em que o interesse, o compromisso e a dedicação permitem o crescimento do colaborador na carreira, dentro das empresas em que trabalha e no setor. Uma série de atributos de perfil colabora para isso. O reconhecimento é premiado na trajetória do varejo alimentar.

---

51. Disponível em: <https://www.youtube.com/watch?v=3SujkingiJw>.

Por outro lado, supermercados, atacarejos e atacados respondem por significativa parcela de jovens entrantes no mercado de trabalho, o chamado primeiro emprego. Salários iniciais são baixos, a rotina intensa não poupa o fim de semana e os feriados e a pressão flui contínua, ainda mais em períodos de crise e estresse. Estes fatores acabam não incentivando a permanência no setor e esta é a base de uma rotatividade relativamente elevada de pessoal.

Boa capacidade de organização, responsabilidade, iniciativa, honestidade, bom senso interpessoal, cordialidade, comunicabilidade e capacidade de resposta, junto à curiosidade e ao profundo interesse em aprender, cobrem mais de 90% do que será exigido do profissional.

Estas características e habilidades permitem performar o trabalho necessário. A dedicação e a regularidade em suas melhores capacidades ao longo do tempo são decisivas para seu crescimento e ascensão profissionais e permitirão, ainda, encontrar possibilidades de ser aproveitado em diferentes áreas da operação, o que aumenta sua bagagem e formação na atividade.

> Além de se constituir num grande empregador, o setor de supermercados apresenta hoje uma enorme vantagem: oferece boas oportunidades de crescimento profissional. Consultores de carreiras e gerentes de Recursos Humanos lembram que o setor supermercadista se caracteriza por seu dinamismo e mobilidade. Há muitos setores e funções dentro de um supermercado, o que possibilita aos funcionários diversificar a rotina de trabalho e, ao mesmo tempo, ter uma visão geral do funcionamento da loja[52].

São muitas as funções dentro do varejo alimentar, desde repositores, açougueiros, padeiros e balconistas até operadores e fiscais de caixa, auxiliares de serviço e limpeza, passando por encarregados de setor, coordenadores e gerentes de loja.

---

52. Fonte: Associação Brasileira de Supermercados (ABRAS). Setor supermercadista registra faturamento de R$ 378,3 bilhões em 2019. Disponível em: <https://tinyurl.com/clippingabras>. 4 jun. 2020.

A gestão de todo o time é complexa. Em regra, os colaboradores iniciam o dia com a lista do que devem realizar. E muitas vezes são solicitados a fazer cobertura de outra área e acontecem imprevistos de uma hora para a outra. De alguma forma, existe um grau de polivalência conforme a função, isto é até desejável.

Em situações em que não há tantos operadores de caixa e surgem filas de clientes, é preciso encontrar uma saída. Alguns varejistas ensinam os funcionários também a operar o caixa. É polivalência, o sentido de flexibilidade. Em situações assim, eles são chamados rapidamente para assumir um caixa fora de operação, para aliviar a corda do pagamento antes que ela estoure com consequências indesejadas para o cliente, que fica esperando, e para a rede, que perde pontos ou mesmo parte da reputação longamente criada.

Treinamento, capacitação e, sempre que possível, o recurso da automação trabalha em conjunto para o bom atendimento. Isto faz parte do dia a dia e não pode ser deixado de lado. Ao incorporar o monitoramento contínuo de mercadorias, processos e pessoas, a automatização estabiliza a operação em patamares mais eficientes. De concreto, maior previsibilidade, inclusive para ver o que os olhos humanos não enxergam, e favorecer a melhoria no atendimento, com mais foco nas necessidades do comprador.

Durante a pandemia, apenas para situar no tempo o principal evento divisor de águas do varejo, redes lançaram mão de informações e treinamento na *web*. Junto à bravura dos que estiveram na linha de frente das operações na pandemia, o capital humano concentrou a atenção do varejo alimentar desde o início da crise sanitária. O cuidado com as equipes de colaboradores foi um dos principais desafios dos supermercados ao longo do ano: lidar e administrar com a pressão natural em cima dos trabalhadores de uma atividade que não parou.

Foi preciso, muitas vezes, recorrer a novas contratações para as operações físicas. O mesmo passou-se nos canais *on-line*, que também exigiram o preenchimento de novas posições em uma atividade que cravou uma curva íngreme de demanda e exigência de uma hora para outra.

Em uma sociedade que parou ou partiu para o isolamento social, esta mão de obra sentiu a pressão e as redes precisaram tratar disso também na operação do capital humano. Em alguns casos, parte dos produtos, como álcool e higienizadores que chegavam às lojas, eram destinados primeiro aos colaboradores e suas famílias, antes de seguirem para venda.

O objetivo de não perder força de trabalho em um momento-chave veio acompanhado da preocupação com o ser humano. As situações não foram uniformes e todos lembramo-nos das manifestações de *motoboys* de *delivery*, que atendiam a aplicativos de entrega, por melhores condições de trabalho. Todos estiveram pressionados. Vale o registro. O autosserviço emprega diretamente quase 2 milhões de pessoas e responde por pouco mais de 5% do Produto Interno Bruto brasileiro (PIB)[53], que é o conjunto de riquezas e valor adicionado do País e gera efeito encadeado na economia, com empregos indiretos e seu impacto como elo da própria cadeia alimentar brasileira.

---

53. Fonte: O TRABALHO NO SUPERMERCADO: setores, funções e carreira profissional. São Paulo: Editora Senac, 2017. p. 58

A meia hora mais longa no mercado

Certo dia, um consumidor escaldado, depois de uma sucessão de experiências negativas em uma das lojas que aprendeu a apreciar desde a juventude, resolveu fazer um texto. Infelizmente, mais uma vez, não encontrou o produto necessário na gôndola do supermercado. Desta feita, contudo, no lugar de ir embora chateado, acionou o time do mercado e resolveu registrar os pontos principais do atendimento. Assim, chamou o repositor da seção e explicou que procurou o item na gôndola e não encontrou, mas precisava, de qualquer jeito, comprar a mercadoria. Perguntou se seria possível que o produto estivesse no estoque ou em outro lugar e pediu para o funcionário checar. Neste exato momento, acionou o cronômetro de seu smartphone para dimensionar o tempo gasto no atendimento. Passaram-se cravados 27 minutos e 32 segundos quando o repositor retornou ao mesmo local da loja, talvez surpreso de que o cliente tivesse ficado tanto tempo em pé, esperando. O jovem, então, disse que não tinha mais o produto. E, para dizer que não tinha a mercadoria guardada, foi preciso meia hora do tempo do cliente. Neste momento, passou na cabeça do consumidor de tudo um pouco, inclusive até que ponto o funcionário foi mesmo checar a presença do produto, se foi acionado no meio do caminho para cuidar de uma emergência, enfim, conjecturas. O fato é que a operação automatizada de ponta a ponta permitiria, imediatamente, a consulta a um aparelho mobile, respondendo e, eventualmente, já pedindo a expedição do produto para o local. Um treinamento bem aprendido também melhoraria muito a situação, combinado ao uso da automação, por meio da leitura dos códigos de barras para maior controle na movimentação de mercadorias e processos.

Capítulo 14

CHECKOUT

Nenhuma outra operação na rotina do varejo alimentar pode definir tanto a experiência do consumidor quanto a hora do pagamento. Pensamentos, emoções, dúvidas e incertezas fazem parte deste momento de decisão de pagamento por parte do consumidor, ao comprometer parte do seu orçamento. Neste momento de sensibilidade, natural da condição humana, a qualidade do atendimento e da operação no *checkout* pode definir o sucesso da experiência e da continuidade da fidelização à rede ou levar ao fracasso do cliente no engajamento com a marca. O acerto de um conjunto de variáveis associadas à operação do *checkout* é determinante. Para o varejo, trata-se do desfecho de todo o processo de venda. Para o consumidor, é o início da obrigação de honrar uma dívida, contraída ao pressionar o botão da máquina de pagamentos ou selecionar a opção correspondente na venda *on-line*.

O pagamento significa um dos momentos mais delicados ao longo do processo de compra *off-line* e *on-line*. O que o consumidor quer é pagar o mais rápido possível e ir embora. Acontece que, para ele, os instantes anteriores a isto são altamente sensíveis. Devo comprar tudo? Meu filho ficará mais uma semana sem o chocolate que ele adora? Deixei de levar o xampu e o condicionador para o meu cabelo, que nunca ficou tão ressecado? Vai dar para esticar esta compra até o fim da semana com comida na mesa todo dia?

Salvo em situações de conforto financeiro – que são mais exceção do que regra em um país em desenvolvimento, em que o rendimento é concentrado e a proporção da riqueza *per capita* é baixa[54] –, o momento é quase desagradável, de certo modo. O consumidor pode estar tenso, preocupado, desiludido, como também, se for o caso, contente pelas aquisições. Do outro lado do processo, o caixa do supermercado deverá estar treinado ao máximo para evitar toda sorte de situações de risco. Conquanto, segundo o ditado popular, uma janela sempre fica aberta.

Algumas situações impactam diretamente na formação de filas maiores. A irritação dos clientes com compras a pagar equivale ao pior desespero do varejista. A tomada de atitude precisa ser imediata. Repare que, em geral, o gerente de loja mantém o olho no que acontece na linha dos caixas e passa um bom tempo ao seu redor. Ele desempenha a função diretamente e, eventualmente, conta com um profissional de inteira confiança como apoio. Em situações-limite, ele é o bombeiro na hora do estresse, o relações--públicas da empresa com os clientes em longas filas, preposto corporativo para defender métodos internos. Em todos os casos, a marca da rede está em jogo.

Na prática, o desafio de quem está na frente de caixa é ser eficiente, educado e agradável, o máximo possível. A operação é cercada de tal expectativa – mesmo que rostos sorridentes estejam dos dois lados do pagamento – que uma má experiência na hora do pagamento é capaz de apagar, isto mesmo, deletar da mente do consumidor todo o resto que foi vivido de prático, bom e conveniente no resto da loja. Forte, não? Mas é o que acontece – e você, neste momento da leitura, já pode ter-se lembrado de alguma situação deste tipo vivida ou presenciada.

Tudo vinha bem. O cliente achou o que queria, nenhuma ruptura de exposição ocorreu, os preços estavam competitivos, houve bom atendimento. Até que o consumidor levou 40 minutos na fila para passar e fazer o pagamento de dez itens. Como extrapolação, o cliente pode calcular que estaria levando quatro minutos para pagar cada produto. Não foi isso o que aconteceu. Ele estava parado em uma fila imóvel. Mas a percepção da realidade define a expe-

---

54. A renda per capita domiciliar é de R$ 1.438,67 no País. Por Estados, a menor renda per capita pertence ao Maranhão (R$ 635,59) e a maior, ao Distrito Federal (R$ 2.685,76), segundo o IBGE. Disponível em: <https://tinyurl.com/percapita2019>.

riência vivida. E não seria de todo inusitado que ele fizesse essa conta. O principal segredo para evitar constrangimentos na hora do pagamento é justamente não ter filas longas formadas.

Processos automatizados, aqui, contam muito. Imagine coletar o que foi comprado ao longo da fila para que o cliente apenas chegue já com o resultado para ser lançado pelo caixa, por meio de um cartão onde estão todos os dados? Em resumo, um bom papa-filas ou mesmo a utilização de processos como o *self checkout*, em que o consumidor processa sua própria compra e realiza o pagamento, sem a interferência de um operador de caixa – na prática, a operação, em português, equivale à ideia de "autopagamento". As redes também contam com processos habituais, como o socorro de gerentes e a abertura de caixas adicionais para dividir a fila e, assim, ganhar celeridade. Sim, tudo é válido! Mas o nome do jogo é produtividade.

Da mesma forma, o monitoramento de processos internos na loja ajuda a mitigar ou eliminar alguns dos terrores do *checkout*, como a diferença de valores ou dúvidas sobre uma oferta com preços enormes e visíveis, mas com condições escritas em letras diminutas. Embora o preço represente uma excelente oportunidade, detalhes que condicionam o preço menor à compra de mais de uma unidade não ficam suficientemente claros e, por isso, fogem à percepção do consumidor. O desafio da etapa é tamanho que proliferam meios e modelos de pagamentos, inclusive sem operação de caixas.

Pesquisa Ibope Inteligência/Asssociação Paulista de Supermercados (Apas) indica que o cliente deseja fazer, ele mesmo, o próprio atendimento para o pagamento, sem a necessidade de operadores e com a crença de que eliminará a fila. Esta foi a maior expectativa do público consumidor, com acima de 80% de citações[55], à frente de preferências à maior oferta de produtos orgânicos, *delivery* e programas de fidelidade. Pagar de forma autônoma, ágil e eficiente surgiu como o mais importante produto da loja do futuro.

---

55. Fonte: DE CHIARA, Márcia. No supermercado do futuro, autoatendimento é a função mais desejada. In: Estadão. Disponível em: <https://economia.estadao.com.br/noticias/geral,no-supermercado-do-futuro-autoatendimento-e-a-funcao-mais-desejada,70002817011>.

Formas de pagamento, modelos de integração ao processo, evolução no treinamento de pessoal, tudo isto evolui em razão da sensibilidade da etapa do *checkout*. Não à toa, em 2020, a Amazon lançou sua primeira operação *Just Walk Out*[56] (apenas vá embora, no português), um formato sem caixa de pagamento. Enquanto o cliente pega produtos e realiza a compra, os valores são processados e associados a um meio de pagamento[57]. Em suma, o modelo envolve tecnologia que combina câmeras, reconhecimento de imagem, visão computacional, sensores e *machine learning*. Um sonho de consumo para parte dos consumidores, contudo, frio e impessoal para outra.

O que nos espera mais à frente?

---

56. Disponível em: <https://justwalkout.com>.

57. Fonte: PEREZ, Sarah. *Amazon is now selling its cashierless store technology to other retailers*. In: Techcrunch. Disponível em: <https://techcrunch.com/2020/03/09/amazon-is-now-selling-its-cashierless-store-technology-to-other-retailers>. 9 mar. 2020.

Capítulo 15

COMUNICAÇÃO

O varejo alimentar lida com a comunicação desde o momento em que abre suas operações físicas e inicia as vendas *on-line*. Absolutamente tudo são trânsitos de informação, dados, códigos, depósitos, ordens de pagamento, guias de expedição, notas fiscais, cartazes manuscritos de promoção, alertas, avisos, olhares, o sorriso acolhedor de um funcionário a um cliente, o olhar de reprovação de um chefe, um soslaio, o silêncio. Tudo comunica e impacta a operação – e, acredite, o consumidor, mesmo que pareça distraído, capta tudo o que ocorre como um radar e, naturalmente, recebe os impactos da boa e da má comunicação. Mas não apenas ele, o cliente, bem como todos os *stakeholders* – partes interessadas – com os quais sua rede e suas lojas interagem dia após dia.

Este capítulo reúne experiências acumuladas ao longo do tempo por grandes empreendedores no varejo, profissionais em comunicação, especialistas em gestão de crise e formadores de lideranças. O objetivo de toda boa comunicação é alcançar com a essência da mensagem que se pretende projetar. Comunicar sempre e novamente quando preciso. Aclarar. Checar se o que foi dito foi compreendido. E, caso não tenha sido, antes de responsabilizar o outro por eventual não entendimento, chamar para si a responsabilidade de melhorar a própria expressão, buscando facilitar o processo para quem nos ouve. Ainda mais eficaz é ser tão ou mais capaz de ouvir do que apenas falar. A comunicação é um músculo que precisa de exercício dedicado, caso contrário, atrofia e todos os sistemas que dela dependem entram em colapso. Muitas vezes, este eclipse não é percebido.

Existe um infinito número de regras, dicas, livros e compêndios sobre como se comunicar bem. O que deve e o que não deve ser feito. Estão à disposição e podem ser localizados em pesquisas na internet, em livros, bibliotecas, nos conselhos que ouvimos desde novos. Escolhemos seguir o fluxo de lições aprendidas na labuta diária e em algumas sistematizações que podem interessar. A partir de agora, seguem exemplos e citações com o mesmo objetivo: apresentar riscos potenciais ao negócio decorrentes da forma de comunicar e de práticas que ajudam, inicialmente, a evitar a cristalização destes riscos em grandes crises e, mais à frente, também, formas de tratar momentos críticos na operação – eles acontecem.

Parametrizar

De uso pouco frequente, o verbo significa expressar, determinar, representar ou descrever em termos de parâmetros. Sem uma base comum, torna-se impossível integrar e processar dados. Um exemplo, infelizmente corrente: produtos idênticos cadastrados com códigos diferentes impedem de agregar informação e ter uma visão maior do que se passa em uma operação. Imagine o que ocorre quando quatro lojas de uma mesma rede utilizam dois ou três códigos, em cada uma delas, para o mesmo item, que seja uma barra de sabão. Será impossível programar um sistema de gestão para a correta leitura do que se passa dentro da operação. Cadastros desorganizados impedem o gerenciamento; tudo começa em uma informação precisa e replicável. O código de barras representa um avanço neste sentido e sua utilização necessita ser atenta e disciplinada.

Comunicação fechada

É natural a tendência de informar, dentro de uma organização, apenas aquilo que cada um precisa saber, mantendo o controle sobre tudo o que se passa em poucas pessoas. Informações confidenciais ou apenas estratégicas são ativos a serem preservados.

O excesso neste zelo muitas vezes leva, entretanto, a que equipes inteiras não tenham noção do que realmente acontece no próprio setor ou dentro da cabeça do líder. Nestes casos, o zelo vira exagero e o cuidado, uma disfunção. O bom senso indica o que se pode jogar com a carta muito perto do peito, para que ninguém tenha chance de ver o jogo real e o que é um cuidado desejável e natural. Em inglês, o modelo chama-se *information on a need to know basis* (informação conforme a necessidade de saber).

Comunicação aberta

Ao contrário, este formato privilegia o maior raio adequado da abertura de informações. Curioso, o modelo é uma das dez regras de ouro estruturadas pelo fundador do Walmart, Sam Walton, a de número quatro. Walton pregava comunicar tudo aos parceiros, de forma que quanto mais eles soubessem, mais entenderiam e mais se importariam. A regra quatro explica que uma vez que seus colaboradores se importem, nada irá pará-los.

> Se você não confiar que seus associados saberão o que está acontecendo, eles saberão que você realmente não os considera parceiros. Informação é poder, e o ganho que você obtém ao capacitar seus associados mais do que compensa o risco de informar seus concorrentes[58].

Clareza e hierarquia

Uma sequência eficaz de recomendações sobre como reportar situações, especialmente as críticas, é atribuída ao ex-secretário de Defesa dos Estados Unidos, *Collin Powell*. Um diretor da Inteligência do país, que havia trabalhado com Powell quando este era chefe do Estado Maior, revelou, 17 anos depois, uma categorização trazida pelo chefe.

Em resumo, era uma regra sobre como reportar-se a *Powell*, sobretudo nos temas mais sensíveis. Estas eram as instruções[59]:

---

58. Fonte: WALTON, Sam. Grupo de publicação da Random House. Edição do Kindle. p. 274.

59. Fonte: WEINER, Tim. Pssst: some hope for spycraft. In: New York Times. Disponível em: <https://tinyurl.com/timweiner>. 9 dez. 2007.

- Primeiro, dizer o que sabia;
- Depois, dizer o que não sabia;
- Apenas, então, estaria autorizado a dizer o que pensava.

E, o mais importante de tudo, dizer sempre estas três coisas de forma separada e nesta ordem: o que você sabe, o que você não sabe e o que você acha. O que parece rigidez é, fundamentalmente, uma maneira objetiva de permitir o fluxo da comunicação em bases mais seguras, de modo a não dar margem a dúvidas, como se o que é dito é uma opinião, uma suposição ou um fato. Isto não é pouco em operações tensas e intensas, como também na rotina de um varejo.

Superação coletiva

A ruptura da comunicação pode ser resultado de uma série de razões, simplificadamente, de problemas de quem emite a informação, do receptor da informação, do canal de tráfego da informação, dos três motivos e de crises sistêmicas. A pandemia foi uma delas. O isolamento social e a impossibilidade de se encontrar e realizar reuniões poderia ter causado prejuízos ainda mais graves às interações. A necessidade de manter contato e relacionar-se, pessoal ou profissionalmente, criou uma atmosfera coletiva de superação, viabilizada, ultimamente, por conta da inovação e da tecnologia. Plataformas como Zoom, Google Hangouts, Facebook Messenger e outros formatos cumpriram seu papel e a curva de aprendizado foi acelerada. De início, muitos usaram os programas gratuitamente; com o tempo, descobriram condições que exigiam pagamento para o uso com maior intensidade. A humanidade reorganizou-se e, naturalmente, pagou um preço, inclusive financeiro, para isso, na forma de contratação dos serviços. Aqui cabe uma lembrança, comum em fronteiras avançadas de criação tecnológica, como o Vale do Silício, um ditado: se o produto é grátis e você não paga por ele, então você é o produto. Quem fornece recebe um ganho embutido, de marketing, *merchandising*, reputacional, de diferentes formas.

Cinco passos em uma crise

Instituições e profissionais especializados em gestão de crise utilizam conhecimentos empíricos e *checklists* para lidar com situações que, mais cedo ou mais tarde, acontecem em nossas vidas, famílias e empresas em que trabalhamos. Um trabalho recente da *Mckinsey*[60] tratou sobre comunicação com equipes, partes interessadas e comunidades durante a Covid-19. Como introdução, para lidar com todos os lados envolvidos na crise, as sugestões iniciais são apontar objetivos de longo prazo, ouvir e entender todos os *stakeholders*, manter portas abertas ao diálogo. Como dicas, foram alinhados cinco passos que ajudam a fazer as coisas funcionarem melhor:

- Dê às pessoas o que elas precisam, quando precisam;
- Comunique-se de forma clara, simples e frequente;
- Escolha franqueza ao invés de carisma;
- Revitalize a resiliência;
- Destile e localize o significado do caos.

Pela ordem das dicas, acredita-se que a capacidade de as pessoas absorverem informações fica limitada no começo de toda crise. A clareza amplia os elos da confiança. Repetir nunca será demais – bem ao contrário, será necessário. A franqueza é o oxigênio da empatia. Mostrar vulnerabilidade, quando for o caso e da forma adequada, é uma indicação de que estão todos no mesmo barco e não precisa ser, necessariamente, confundido com demonstração de fraqueza – fingir uma força não disponível no momento pode gerar um estrago maior nas relações e na situação em curso. Todas as crises evoluem e a complexidade durante elas apenas aumenta, envolvendo outras áreas, outros aspectos ou dimensões. E crises passam. As melhores são as que deixam aprendizados sinceros e funcionais para todos os envolvidos.

---

60. MENDY, Ana; LASS STEWART, Mary; VANAKIN, Kate. *Open interactive popup a leader's guide: communicating with teams, stakeholders, and communities during COVID-19*. In: McKinsey & Company. Disponível em: <https://tinyurl.com/estudomckinsey>. 17 abr. 2020.

Toda comunicação importa

Toda, absolutamente toda comunicação importa nas relações interpessoais e com o que temos à frente. Para termos um exemplo tradicional, o trabalho dos cartazistas nos supermercados, criando arte escrita e visual para divulgar ofertas, preços e sugestões é um dom. Estes profissionais de longa carreira devem ser valorizados, orientados e receber treinamentos.

Na história do varejo alimentar, algumas expressões poderiam formar uma enciclopédia de equívocos, certamente involuntários, que decorrem também de excessiva velocidade da operação, desatenção, falta de supervisão ou mesmo da substituição temporária de um cartazista profissional por alguém não preparado para a função. O público poderá compreender equívocos em cartazes como os abaixo, mas o compromisso é a busca de excelência.

- "Frango bobino R$ 3,99";
- "Peixaria, temos peixe";
- "Roupa de inferno infantil R$ 2,99";
- "Fraldinha bovina vácuo de R$ 15,98 por R$ 15,98";
- "Todos os produtos dessa mesa contêm glúteos";
- "Creme dental máxima proteção anticaspa";
- "Colchão inflamável";
- "Todos os chilenos com 20% de desconto".

Falhas fazem parte de todas as operações de todos os setores. O que conta é a capacidade rápida de resposta e de solucionar o que surge.

Comunicador mobile

Um cliente chega à loja. Ele saiu do trabalho apressado, programou-se para comprar três caixas de vinho. O evento seria importante: a festa de fim de ano da própria firma. No mercado, olhou a gôndola de bebidas, procurou em volta. Havia apenas duas ou três garrafas do tipo que havia se comprometido com toda a firma a comprar. Com uma delas nas mãos, procura o colaborador do mercado e diz que precisa de três caixas daquela marca. O funcionário prontamente responde que sim, há sete caixas no depósito. O colaborador aciona, por seu coletor *mobile* com sistema de voz, o gerente da loja, o que, a rigor, não precisaria fazer. Ele tinha autonomia para acionar o repositor do setor e solicitar as caixas. "Olha, eu tenho um cliente aqui que precisa comprar três caixas deste vinho". O chefe, imediatamente, aciona o repositor pelo equipamento e repassa o pedido. Em menos de cinco minutos, o diretor da firma tinha suas três caixas e o controle indicava que outras quatro ficaram no estoque. Dias depois, quando comentei com o diretor de Operações da rede, ele contou que sem a operação automatizada e a possibilidade de trafegar voz e dados pelo coletor eletrônico, levariam pelo menos 24 horas para que a falta do produto fosse detectada, confirmada e a tarefa emitida para o abastecimento da gôndola. O cliente cujo congraçamento dependia dele? Talvez nem festa tivesse acontecido. Os sistemas avançados de gestão automatizada permitem que o consumidor tenha a informação em tempo. Ele precisa ser encantado.

Todas as sugestões aqui trazidas, e outras tantas, existem de forma a orientar melhores formas de comunicação, transmissão de informações, engajamento e boas maneiras de relacionamento. Há muito mais, como, por exemplo, estruturar um bom plano de comunicação e ser capaz de segui-lo à risca, mesmo sabendo que outras prioridades, urgências e emergências surgirão. Planejamentos que partam das áreas mais diretamente envolvidas no assunto, que podem ser a Comunicação, os Recursos Humanos ou o Marketing, conforme a estrutura da rede, ou mesmo a partir da Diretoria de Negócios. O melhor planejamento e a melhor ação serão sempre aqueles mais imediatamente possíveis, enquanto outros não emergem. Como em tudo na vida, ainda mais na Comunicação, a máxima que diz que o ótimo é inimigo do bom é particularmente mais verdadeira e perigosa.

Comunique-se, pois.
Engaje.
Seja cada vez mais claro e consistente!

Capítulo 16

E-COMMERCE

O *e-commerce* não é uma panaceia. As compras digitais avançaram a taxas de dois, três dígitos. Parte dos consumidores mergulhou em um universo de enormes possibilidades *on-line*, enquanto outra parte intensificou o próprio uso. Em meio ao turbilhão, as redes de varejo, de forma geral, fizeram o melhor possível – e este passo foi importante não apenas para elas, mas para toda a sociedade: não houve desabastecimento e as compras *on-line* remediaram o risco de exposição à doença. Agora, por onde seguir?

O *e-commerce* não pode ser responsabilizado por remediar vários ou todos os males, e ele mesmo enfrenta desafios a corrigir, sob pena de, gradualmente, ser castigado pelo que não teve tempo de ajustar na batalha dentro da guerra chamada combate à Covid-19. Qual o impacto de tudo isto na operação? A ver. Situações por que passam os consumidores lançando mão do serviço indicam a necessidade de ajustes ou progressão na curva do amadurecimento. Mais abaixo, trazemos casos que bem ilustram.

A pandemia muda a cara do varejo[61]. No campo empresarial, movimentos indicam o impacto. Em janeiro de 2021, a B2W comprou a empresa *on-line* Supermercado Now, por meio da qual um dos 30 supermercados parceiros é escolhido conforme a preferência do consumidor, que ainda cria um canal personalizado. A categoria supermercado passou a ser explorada pela Magazine Luiza, que acelerou investimentos previstos em prazo mais longo.

---

61. Fonte: PLASSA, David. Anúncios de supermercado bizarros desafiam o consumidor. In: R7. Disponível em: <https://entretenimento.r7.com/humor/fotos/anuncios-de-supermercado-bizarros-desafiam-o-consumidor-26082019#!/foto/2>. 7 abr. 2018.

E, claro, operações de *e-commerce* das redes de supermercados despontam no formato de venda.

Novas tecnologias aparecem nas previsões de operações com maior intensidade. O *voice commerce* (compra com assistentes virtuais com o reconhecimento de voz), o *re-commerce* (loja virtual de produtos usados, que atingem em cheio a tendência do consumo consciente), *shopable* (permissão de vendas, como as que o Instagram concede para terceiros) e o *conversational commerce* (*chatbot*, em que o comprador tem a impressão de conversar com alguém, na realidade, um sistema de inteligência capaz de processar a linguagem humana e responder com voz similiar). Há também o *live commerce*, em que a tela de seu *smartphone* funciona como uma vitrine virtual, apresentando e informando todos os detalhes do produto, conjugada a eventos ao vivo e mídias sociais conectadas à experiência.

Os supermercados também fortaleceram vendas digitais, ampliaram posições de atendimento e investiram em tecnologia. Redes de menor porte, algumas delas regionais, iniciaram, ao seu tempo e ritmo, formatos de venda pela internet, por aplicativos e por WhatsApp, como exemplo. Formatos como o *click and collect* receberam atenção especial, pela agilidade e vantagem de o consumidor realizar a compra *on-line* e definir onde e quando vai retirar seus produtos.

Todas as novas tecnologias impactam na operação. Mais de 7 milhões de pessoas fizeram a primeira compra *on-line* em 2020, conforme levantamento da EbitNielsen. A forte expansão de atendimentos projetou impactos na operação na tela de computadores e *smartphones* e, ainda, da tela para dentro da operação *on-line*, por assim dizer.

> Os desafios são inúmeros, da acessibilidade, agilidade no acesso e busca (site amigável, prático, resolutivo), passando pelo cadastro e imagens dos produtos, pelas ações de comunicação e marketing, pelas ofertas, pelas ações para estimular o "impulso", aos aspectos logísticos, estoque, trocas e devoluções de produtos, equipe, processos, entre outros. [...] Pela ótica dos consumidores e *shoppers*: estudos recentes mostram muita

insatisfação do *shopper* quando o assunto é ir às compras e, pior, quando ele mais precisou. Em abril, em estudos realizados por nós aqui na Connect Shopper, com aproximadamente 2.000 consumidores via internet, obtivemos uma avaliação com nota 4 de 10 para a experiência vivenciada[62].

Dentro da cadeia da venda digital, parte dos impactos estão ligados a sistemas em uso para processamento dos pedidos e, particularmente, o que aqui chamaremos de retaguarda, que é o lugar onde habita o produto materialmente. Determinantes para o sucesso da operação, a separação e o preparo do produto sentiram o efeito do volume extraordinário de pedidos. Esta etapa chama-se *picking*. A contratação imediata de colaboradores mitigou o gargalo gerador de falhas sistêmicas, mas não alcançou o potencial de utilização de uma ferramenta automatizada

O queijo chegou, mas a vaca veio junto

Kayo tem 32 anos e trabalha em um banco de investimentos. Desde os cinco anos de idade ele não come alimentos derivados de animais. Ele faz parte de um mercado que cresce rapidamente, voltado à alimentação natural. Sua dieta é a chamada *plant-based diet*, algo como dieta à base de alimentos vegetais integrados. Por isso pediu, sim, um queijo – mas vegano. Quase chegou ao desespero da fome e da irritação quando o *delivery* que acessou trouxe duas embalagens de queijo prato recreio. Ele tinha menos de meia hora para entrar em uma reunião importante à noite, no dia em que não conseguiu parar para almoçar. Programou lanchar o queijo vegetal, pão árabe integral e kombucha (bebida fermentada à base de chá). Plano fracassado, passou os 30 minutos tentando contato com o varejo alimentar que o atendeu, via e-mail da empresa, no site, preenchendo cadastro de reclamação até começar a conversa no *chatbot* com o atendimento automático, que ele recusou prosseguir. O resultado imagina-se: a perda de um cliente e de um pedaço da reputação da rede varejista, justo em um mercado que ascende. A participação com a percepção de alimentação "muito saudável" saltou de 29% para 41%, conforme levantamento da consultoria do setor de alimentação RG Nutri, em parceria com a plataforma digital TechFit.

---

62. Fátima Merlin, CEO Da Connect Shopper

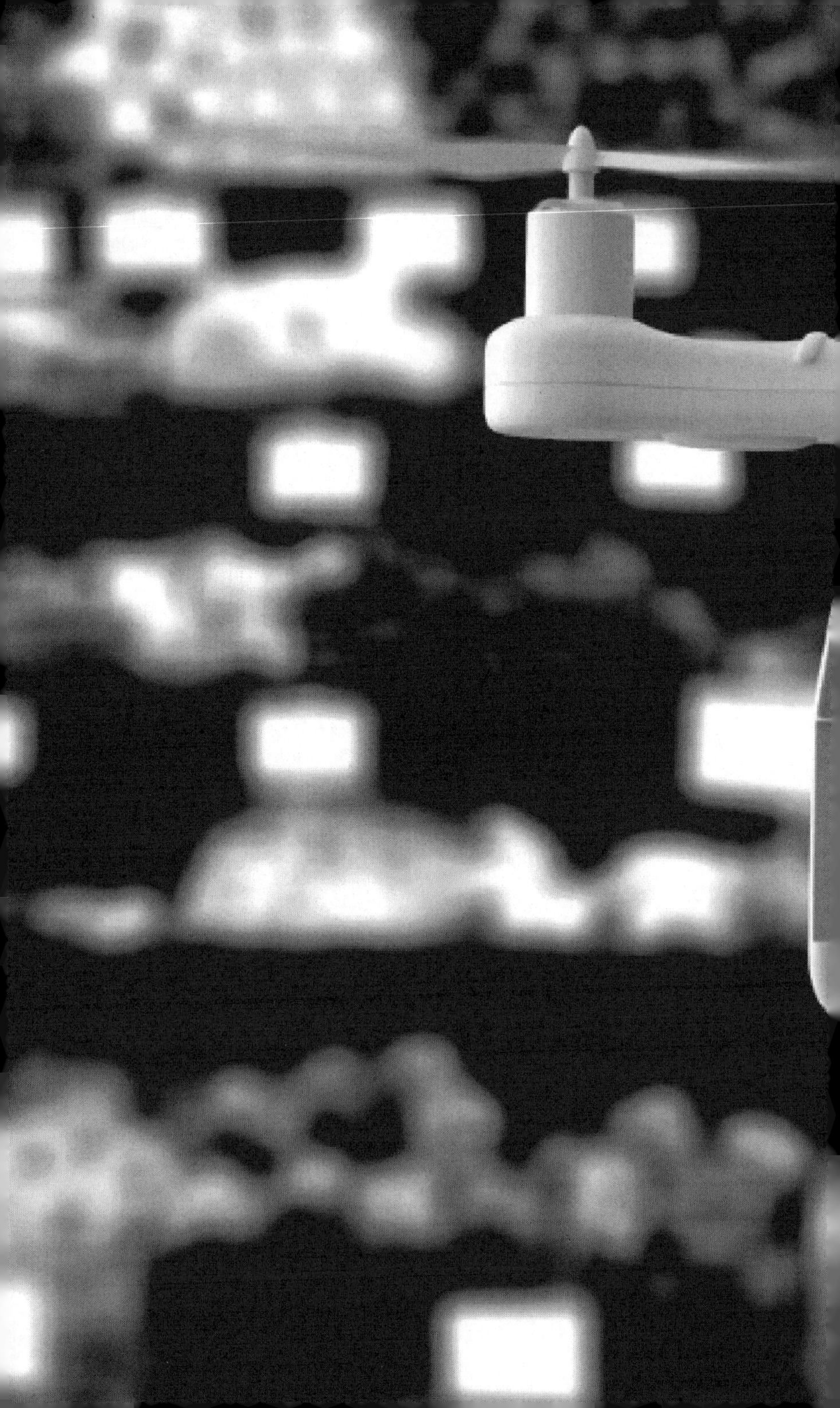

PARTE 3

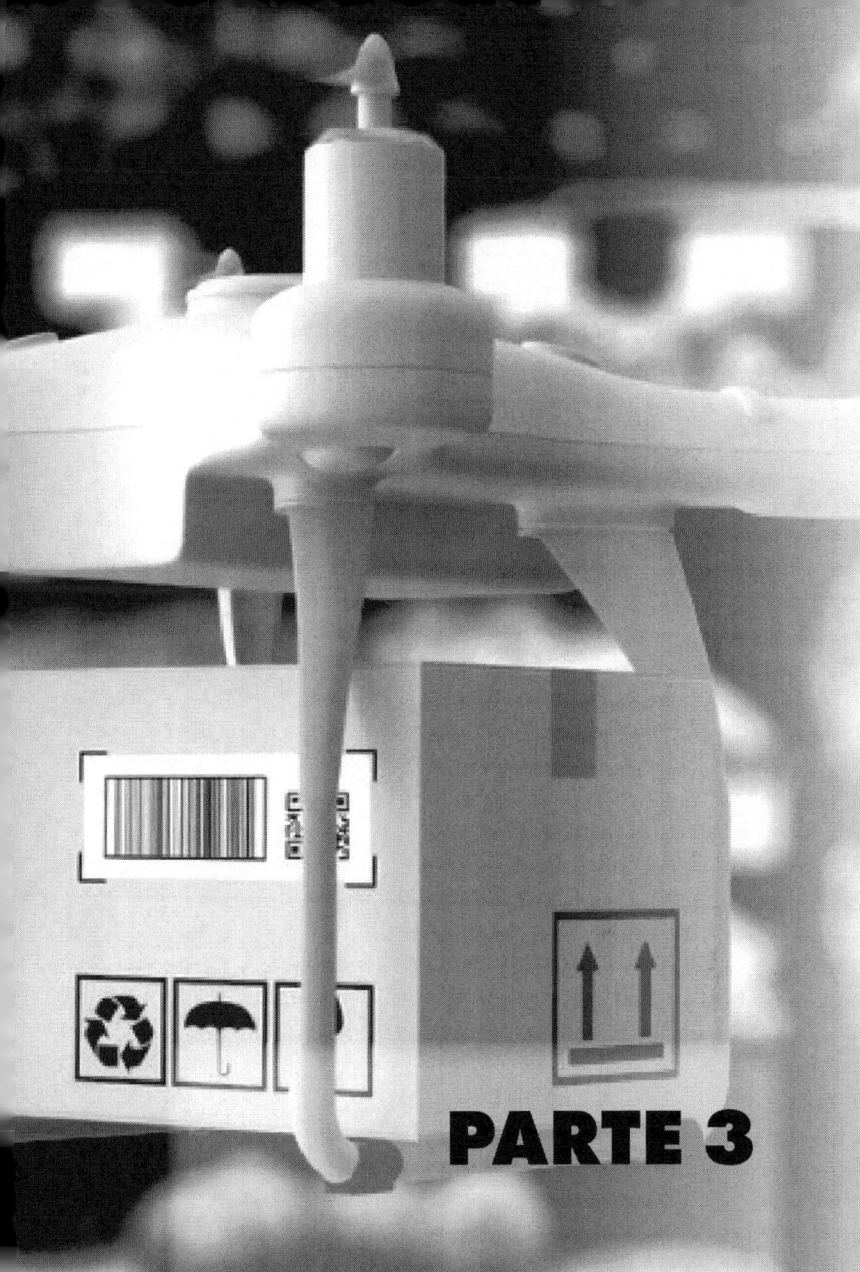

O FUTURO

Capítulo 17

2030, NOVO PATAMAR

> *"Tanto otimistas quanto pessimistas contribuem para a sociedade. O otimista inventa o avião; o pessimista, o paraquedas."*
>
> George Bernard Shaw

Clareza, Coragem, Resiliência, Determinação, Engenhosidade, Tenacidade e Visão. Dentre 28 mil propostas iniciais de nomes, estes foram os selecionados como finalistas para o que representaria a maior aventura tecnológica mundial na passagem da segunda para a terceira década do século 21. O nome gravado no braço robótico do *rover* programado para chegar, em 2021, à superfície de Marte, contudo, foi Perseverança[63]. Dentre os alunos do ensino médio estadunidense, o menino Alexander Mather apresentou a proposta vencedora no concurso promovido pela NASA. Com 23 diferentes câmeras e sensores, como olhos e ouvidos, o *rover* conta com o auxílio de um helicóptero robótico para sua trajetória em busca de sinais de vida passada[64]. Não bastasse o arrojo inovador do projeto, encanta a perspectiva do jovem estudante de 11 anos:

---

63. DE CHIARA, Marcia. Pandemia muda a cara do *e-commerce*, que ganhou mais de 7,3 milhões de consumidores, Disponível em https://economia.estadao.com.br/noticias/geral pandemia-muda-cara--do-e-commerce-que-ganhou-mais-7-3-milhoes-de-consumidores,70003567582>. 1 jan. 2021

64. MARTUCCI, Mariana. A pandemia fez o *e-commerce* decolar. Ainda há fôlego para mais? In: Exame. Disponível em: <https://exame.com/negocios/a-pandemia-fez-o-e-commerce-decolar-ainda--ha-folego-para-mais>. 22 jan. 2021.

Curiosidade. Discernimento. Espírito. Oportunidade. Se você pensar sobre isso, todos esses nomes de robôs de Marte anteriores são qualidades que possuímos como humanos. Estamos sempre curiosos e buscamos oportunidades. Temos o espírito e a visão para explorar a Lua, Marte e além. Mas, se os robôs são nossas qualidades como raça, perdemos o mais importante. Perseverança[65]

O projeto espacial e suas descobertas deverão ser um *game changer*, um divisor de águas. O lançamento do *rover* ao Universo, em março de 2020, coincidiu com outro evento igualmente marcante por outras circunstâncias, porém, dentro do planeta: o avanço da pandemia da Covid-19 por todos os países. Intrigante a coincidência no tempo e a diferença na localização de dois dos principais eventos marcantes no século atual. A pandemia também gerou um efeito propulsor para o campo tecnológico de tal forma que, para muitos, pareceu que o distante ano de 2030 estivesse sendo chamado ao tempo de acelerar descobertas no campo da saúde, tais como as vacinas e outras soluções para todo um modelo de viver que deixava de existir com a escalada da doença. A avidez natural da condição humana, das empresas e das organizações em antecipar o futuro foi posta à prova.

Ainda não sabemos que novos ingredientes serão trazidos, quais serão os temperos principais ou ainda a aparência, a temperatura, o aroma e o sabor dos novos pratos que a inovação e a tecnologia nos trarão. Nada disso impede que nos mantenhamos conectados, em atitude exploratória sobre as macrotendências, com o propósito de estarmos abertos e disponíveis para protagonizar em favor do desenvolvimento do varejo alimentar, por meio da tecnologia e da inovação. É neste sentido que chegamos à terceira parte do livro, que se divide em duas: 2030, um novo patamar, sobre tecnologia, e 2050, um novo mundo, acerca do tema da sustentabilidade.

---

65. Alexander Mather, estudante estadunidense, 11 anos.

As múltiplas perspectivas compartilhadas até o momento, já calibradas com o efeito Covid-19, mostram que os dois assuntos seguirão ainda mais fortes.

O ano de 2020 gerou um choque sistêmico. As atividades estavam pouco preparadas para tamanha inflexão, sobretudo em aspectos como saúde, inovação, tecnologia, abastecimento e logística de forma geral. As dores generalizadas – de cidadãos, atividades econômicas, sociedades – que vivemos na pele, acompanhamos no outro, quase sabemos de cor. No abastecimento de alimentos e produtos essenciais (medicinais, hospitalares, de limpeza e higiene), o desequilíbrio aconteceu na retaguarda operacional e produtiva, no atendimento *off-line* e *on-line* à demanda emergente e nos canais de distribuição. O desarranjo em cadeia atingiu em cheio o primeiro ano da terceira década, inclusive nos processos ligados a aprovação, fabricação e distribuição das vacinas possíveis.

Todos fizeram o seu melhor para evitar ou passar da forma menos traumática possível pela turbulência. Pressão, correntes de ar, temperaturas elevadas ou excessivamente baixas continuarão a provocar novas desordens, que acontecem de forma inesperada até em céu limpo[66]. O que vislumbramos para o horizonte? Estudos desenvolvidos por empresas, consultorias, instituições e futuristas indicam novos sentidos ao avanço do varejo alimentar, ao uso de tecnologia e a modelos de demanda esperados para os próximos anos. Ampliar os processos de automação para impulsionar qualidade e eficiência na operação, bem como integrar compras físicas, digitais e móveis, tendem a ser duas das principais prioridades estratégicas a guiar os avanços da atividade por meio das tecnologias de transformação. Como os consumidores comprarão em 2030 é a pergunta-chave que vem sendo foco de estudos e *webinars*. Em um deles, a consultoria Oliver Wyman oferece sua perspectiva:

---

66. MERLIN, Fatima. Na era do digital, depois do "boom" do e-commerce, o risco de perecerem. In: Linkedin. Disponível em: <https://www.linkedin.com/pulse/na-era-do-digital-depois-boom-e-commerce-o-risco-de-perecerem-merlin/?trackingId=u4fai2sVRDiQmH%2FVUQr9Aw%3D%3D>.

> Os consumidores estão exigindo maior transparência e personalização de suas mercearias para que possam fazer escolhas informadas que apoiem suas necessidades dietéticas, objetivos de saúde e valores. Estas demandas de consumo em rápida mudança, aliadas às tecnologias emergentes, levarão a um supermercado "inteligente", com uma experiência omnicanal massivamente melhorada e um modelo operacional mais eficiente. Soluções inteligentes de *merchandising* tornarão a prateleira mais atraente para os clientes, ao mesmo tempo em que reduzirão as horas de trabalho e o desperdício. A automação é um elemento crucial do supermercado inteligente do futuro, reduzindo custos e liberando o pessoal para se concentrar no trabalho que melhora a experiência de compra.

Em comum na média das previsões e em nossa avaliação, o supermercado inteligente do futuro incorporará tecnologias disruptivas. Dentre elas estão a Robótica, a Internet das Coisas (IoT), a Inteligência Artificial (IA), a Realidade Virtual, a Tecnologia de *Blockchain*, os Drones e a Impressão 3D. Gestão operacional, modelos de negócio e formas de fazer compras avançaram crescentemente, influenciadas pela capacidade de inovar e implementar soluções e ferramentas que simplifiquem os processos e os entregáveis. A utilização destes formatos levarão ao avanço na forma de atender, gerar receitas e reinvestimento no próprio negócio. Precisarão fazer sentido para cada operação e, principalmente, cada proposta de valor para o negócio e seu público-alvo. Por isso, caminhar atento às tendências, trabalhar para criá-las e o sentido colaborativo ajudarão em todo o processo.

Uma das maiores autoridades em inteligência artificial (IA) no mundo, cientista da computação e escritor estadunidense nascido em Taiwan, o chinês Kai-Fu Lee indica que a digitalização potencialmente converterá atividades humanas em dados, que assim poderão ser medidos e usados para alimentar os sistemas de IA para utilização em diferentes áreas, como a telemedicina, por exemplo, ou no desenvolvimento de uma inteligência artificial personalizada. Isto permitiria, em hipótese, que, enquanto a inteligência artificial trouxesse todo o conteúdo de dados, o profissional poderia voltar-se mais ao encorajamento e à mentoria[67]. Quando perguntado se preferiria um médico humano ou a IA, ele respondeu que os dois, ou seja, um médico usando a inteligência artificial. Lee também espera que a próxima pandemia possa ser antecipada pela IA. Novos formatos que trarão novos questionamentos mais à frente.

Em outro giro, as evoluções da inovação e da tecnologia vêm sendo esquadrinhadas como macrotendências, eixo em torno do qual vêm se desenvolvendo no século atual, uma forma de agregar desenvolvimentos em curso esperados para, no futuro, conectar mais claramente ao pano de fundo das transformações e tornar o processo todo mais assimilável e ainda mais funcional. São muitas as leituras neste sentido. Um destes estudos é o da Deloitte[68], que traz dados como macroforças tecnológicas e estipula que as forças disruptivas no horizonte podem ser classificadas em três grandes aspectos tangíveis: a Simplicidade, a Onisciência e a Abundância. São muitos os desafios no caminho até o ano de 2030 e para além, até as próximas décadas.

Macroforças tecnológicas[69]
Uma taxonomia para as tecnologias emergentes

Capacitadores - Experiência digital, dados, análises e nuvens geraram múltiplos modelos e estratégias de negócios inovadores. Estas tecnologias capacitadoras já impulsionaram uma década de mudanças disruptivas – e ainda têm muito mais quilometragem de inovação.

---

67. Fonte: ROSA, João Luiz. In: Valor Econômico. Inteligência Artificial será capaz de prever pandemias, diz Kai-Fu Lee. Disponível em: <https://tinyurl.com/noticiakaifulee>.

68. Fonte: DELOITTE. Macro technology forces: a taxonomy for emerging tech (Macroforças tecnológicas: uma taxonomia para as tecnologias emergentes). Disponível em: <https://tinyurl.com/macrotechnology>.

69. Fonte: DELOITTE. Macro technology forces: a taxonomy for emerging tech (Macroforças tecnológicas: uma taxonomia para as tecnologias emergentes). Disponível em: <https://tinyurl.com/macrotechnology>.

Disruptores - Realidade digital, inteligência artificial e plataformas distribuídas estão aqui hoje e estão a caminho de uma ampla adoção, gerando rápida disrupção ao longo do caminho. Os disruptores estão, atualmente, moldando a próxima década de inovação empresarial.

Horizontes próximos - Esperamos que as próximas tecnologias no horizonte amadureçam na próxima década e moldem as estratégias de negócios e tecnologia do futuro. [...] A inteligência exponencial baseia-se na inteligência artificial, acrescentando a capacidade de reconhecer e responder às emoções humanas, compreender o ambiente externo e realizar qualquer tarefa. Enquanto isso, o quantum aproveita as propriedades das partículas subatômicas para resolver problemas que são muito complexos para os supercomputadores de hoje. A estrutura de macroforças também ajuda a visualizar o caminho evolutivo dessas tecnologias, pois elas influenciam a interação, a informação e a computação.

Interação - À medida que o envolvimento humano-tecnologia continua a aumentar, o jogo final é a simplicidade – interações transparentes e naturais.

Informações - À medida que as formas como as máquinas gerenciam, as informações evoluem; o objetivo final são as máquinas de onisciência que combinam insights e compreensão para reconhecer não apenas a correlação, mas também a causalidade.

Computação - À medida que as habilidades de computação aumentam, o objetivo de longo prazo é a abundância – a capacidade ilimitada de trabalhar e obter benefícios da tecnologia e da informação.

Capítulo 18

2050, NOVO MUNDO

"Os pessimistas geralmente estão certos e os otimistas geralmente estão errados, mas todas as grandes mudanças foram realizadas pelos otimistas".

Thomas Friedman

O ano de 2050 começa agora. Hoje, enquanto você lê este livro, indivíduos, grupos de pessoas, empresas de todos os portes, inclusive do varejo alimentar, governos e instituições desenvolvem ações de olho no médio e no longo prazo. Preparam-se para um mundo que será potencialmente diferente do momento atual. Para isso, lançam mão de objetivos e metas comuns que, atingidos, aumentarão a produtividade sustentada, gerarão prosperidade compartilhada e garantirão a sobrevida do nosso planeta, em condições adequadas para toda a natureza – nós, os seres humanos, inclusos. Há esperança de que o empenho comum será capaz de deixar para nossos filhos e netos um planeta melhor do que recebemos. Por isso, estamos aqui.

O que começarmos a visionar hoje começará a existir como semente e intenção. Sempre foi assim, mesmo que depois da obra feita não nos lembremos mais de quando começou, como surgiu a ideia da construção de sistemas mais eficazes, com menos desperdício de material, respeitando o clima, gerando economicidade exponencial e mais empregos. Parece um sonho? Prefiro chamar de visão para novas dimensões, que é, no fundo, o que fazemos regularmente no campo da inovação. Novos modelos e formas surgem naturalmente e vêm acompanhados de dúvidas, desafios, retornos, avanços, angústia e destemor até que parem em pé, para usar um jargão do dia a dia. O ser humano reage à mudança e esta circunstância precisa ser respeitada e estar integrada ao processo de transformação, mas não pode guiá-lo.

Por isso, é preciso observar a fundo como repetimos atividades e tarefas no piloto automático e olhar um pouco mais em volta. O que os outros estão fazendo? O que prometem fazer e com quais objetivos? Se alguém me perguntasse se tenho a pretensão de saber o que vai acontecer em 2050, eu teria uma resposta franca: não. Mas se alguém perguntar se acho que 2050 vai chegar, eu diria que sim. Sempre acreditei na evolução. Não deveremos estar em todo o futuro que temos pela frente, conforme nossa idade; mais novos receberão o bastão da vida que recebemos de nossos pais. Mas tenho consciência de que estaremos sempre todos com um horizonte de tempo à frente, a que podemos dedicar-nos da melhor forma possível, individual e coletivamente.

> Muito se avançou em relação à sustentabilidade, mas ainda assim os desafios futuros ainda são diversos. Talvez o primeiro e principal desafio é fazer com que a sustentabilidade não seja vista apenas como ações de filantropia ou medianamente relacionadas com o negócio da empresa, mas se tornem parte integrante da estratégia da empresa, como uma importante fonte de vantagem competitiva[70].

Realizações diárias exigem empenho. Empreendimentos de pequeno, médio ou grande portes, coletivos, artísticos, econômicos, religiosos de qualquer outra natureza, da mesma forma dependem de firme vontade, compromisso e obstinação. Dependem também de retorno sobre o investimento e o resultado na forma de lucrativi-

---

70. Fonte: PARENTE, Juracy; BARKI, Edgard. Varejo no Brasil: gestão estratégica. 2. ed. São Paulo: Editora Atlas, 2014. p. 421.

dade, depois de produzir o necessário para fazer frente aos custos e às obrigações do negócio. O varejo alimentar sabe disso e trava lutas diárias para chegar lá, com adversidades e imprevistos no caminho. A questão é: por que não podemos começar a conceber novas formas de operação sem renunciar a parte alguma da batalha e da mesma forma obter rentabilidade, agora em sentido mais amplo de dever cumprido?

Isso é possível. O varejo também sabe disso. Tanto assim que vem lidando de formas variadas com os desafios da sustentabilidade por empresa, por cadeia produtiva de forma associada em entidades como a Associação Brasileira de Supermercados (Abras). É razoável imaginar que cada varejo está em um estágio do próprio processo; é assim mesmo que funciona. Esta tem sido nossa percepção com base no relacionamento com o setor. Mas era preciso mais, levantar dados e estudar. Com este intuito, levamos a cabo nossa curiosidade e nosso interesse em aprender um pouco mais. Por isso, resolvemos estudar e realizar pesquisas que trouxeram conclusões expressivas, algumas delas listadas abaixo, de nossa área de sustentabilidade, com suporte da Techni Inclusive Sustainability.

- Sustentabilidade não é conceito novo para o setor;
- Ao contrário, tem sido cada vez mais integrado aos negócios das empresas no exterior e no Brasil;
- Sustentabilidade é, necessariamente, sinônimo de resultados financeiros positivos;
- Estes resultados garantem a própria sustentabilidade do negócio;
- Empresas declaram publicamente a sustentabilidade e a responsabilidade social e ambiental como centrais em seus negócios;
- Da mesma forma, cultivam valores em suas organizações;
- A integração de sustentabilidade, obviamente, inclui a operação e vai muito além;
- *Players* de maior porte ou mais novos estão eventualmente mais avançados, não sendo exclusividade

dos dois grupos ter progressos importantes no assunto;
- Os progressos alcançados impulsionam mudanças sistêmicas na sociedade, bem como promovem novos hábitos em consumidores.
- As mais adiantadas e mais inovadoras funcionam como lanterna na popa, iluminando o caminho nos acertos e nos desacertos;
- Todo esse movimento influencia a cadeia de suprimentos em sua etapa de atuação, assim como as etapas seguintes;
- Ele catalisa mudanças inclusive em normas, regulamentos, documentos legais nacionais e internacionais;
- Como em outros setores, o varejo aprofunda o relacionamento com seus clientes, buscando ampliar a fidelização;
- Pesquisas comprovam que os consumidores estão mais ligados a estes valores, ainda mais depois da experiência em 2020, com a pandemia;
- O olhar estende-se aos fornecedores, porque a evolução reforça elos na cadeia, finalmente acelerando as transformações.

No livro *Varejo socialmente responsável*, organizado por Jacob Marques Gelman e Juracy Parente, o terceiro capítulo trata da responsabilidade social na cadeia produtiva, riscos e aprendizado[71]. Traz cinco casos em diferentes etapas da cadeia produtiva, ligando, pela ordem, temas como trabalho escravo na cadeia de provimento, assimetria de padrão em fornecedores internacionais, riscos na produção agropecuária e consumo consciente. O mestre em Ciências Agrícolas e Ambientais da *Wageningen University & Research Pieter Sijbrandij*, inclui no capítulo a reflexão sobre até que ponto as empresas tomam iniciativas social e ambientalmente adequadas apenas quando identificam riscos e sentem-se ameaçadas no próprio negócio. E complementa, no sentido de que há avanços a

---

71. Fonte: GELMAN, Jacob Jacques; PARENTE, Juracy (Coords.). Varejo socialmente responsável. São Paulo: Editora FGV, 2008.

serem feitos. Afinal, o mundo em transformação renova os desafios – e ele conclui, com um diagnóstico sobre o fator humano:

> Por fim, todas essas empresas selecionadas têm uma característica comum: são feitas de pessoas como nós, sejam elas diretoras, investidores, trabalhadores ou consumidores. Por isso, somos nós que temos que decidir qual é o preço que estamos dispostos a pagar pela nossa responsabilidade, como parte de uma coletividade, que tem um compromisso com o presente e, sobretudo, com as futuras gerações[72].

O gerenciamento da empresa, a gestão da operação e a busca incessante do equilíbrio financeiro reforçam o negócio no tempo. De forma crescente, tanto a sustentabilidade como o desenvolvimento humano e da sociedade tornaram-se vetores cruciais dentro dos negócios. Empresas privadas, instituições financeiras e de administração pública não governamentais já captaram esta perspectiva. Elas conectam o lugar a que chegamos na passagem da segunda para a terceira década do século, catalisado de forma extraordinária e em muitas perspectivas de ensinamentos com a Covid-19, em 2020. Alguns deles precisarão estar ligados à assombrosa expansão da utilização de materiais hospitalares e de plásticos por parte da sociedade.

O consumo de plástico durante a pandemia provocou um tsunami, conforme mostra o Atlas do plástico, da Fundação Henrique Böll Shiftung, no Brasil[73]. Projeções indicam que, no caso de toda a população mundial usar máscaras faciais descartáveis todo dia, seriam necessárias 129 bilhões de unidades por mês – só no Brasil, 3,5 bilhões mensais.

---

72. Fonte: GELMAN, Jacob Jacques; PARENTE, Juracy (Coords.). Varejo socialmente responsável. São Paulo: Editora FGV, 2008.

73. Fonte: FUNDAÇÃO HEINRICH BÖLL. Atlas do plástico. Disponível em: <https://br.boell.org/pt-br/2020/11/29/atlas-do-plastico?dimension1=atlas_do_plastico>. 30 nov. 2020.

Ainda, por hipótese, nestes parâmetros, a dispersão de máscaras na forma de lixo adicional por mês, no mundo, equivaleria ao peso de 338 estátuas do Cristo Redentor por mês (338 mil toneladas). Voltando ao Brasil, o peso seria o equivalente a nove estátuas mensais do cartão-postal (10,5 mil toneladas). Para registro, uma máscara descartável pesa, em média, três gramas. A geração de lixo hospitalar por paciente de Covid-19 internado bate 7,5 quilos, sete vezes a quantidade média de lixo produzido por habitante ao dia no País.

O tema da sustentabilidade é sistêmico. Envolve a cadeia do varejo alimentar, por diversas razões. Consumidores ambicionam relacionar-se mais com empresas cujos propósitos apoiam algo maior do que apenas o lucro e isso impacta diretamente não apenas indústrias e produtores agrícolas, mas também supermercados. Além disso, como vimos na segunda parte do livro, o setor experimenta perdas anuais bilionárias que, revertidas, tornam-se imediatamente fontes de faturamento adicional, cortes de desperdício, realocação sustentável de excedentes antes direcionados ao lixo. Como retrato, das perdas anuais reconhecidas nas mercadorias perecíveis, 42% ocorrem por data de validade vencida, 33% por maturação e por tornarem-se impróprias para a venda e 14% como itens danificados[74]. Se é verdade que o índice-geral de perda sobre o faturamento bruto do setor já caiu de 2,2% para 1,8% de 2014 a 2019, ainda são expressivos aos olhos os valores absolutos quando as taxas são aplicadas sobre o faturamento anual da ordem de R$ 380 bilhões ao ano.

Tanto no exterior como no Brasil, avança a quantidade de empresas engajadas com a Agenda 2030 e seus Objetivos de Desenvolvimento Sustentável (ODS), assim como com o Acordo de Paris. Especificamente o varejo alimentar e sua cadeia podem engajar-se com os objetivos Fome Zero e Agricultura Sustentável (ODS2), Saúde e Bem-Estar (ODS3), Trabalho Decente e Crescimento Econômico (OD8) e Consumo e Produção Responsáveis (ODS12), como exemplos. As iniciativas da cadeia também podem tocar outros

---

[74] Fonte: Associação Brasileira de Supermercados (ABRAS). 20º Avaliação de perdas no varejo brasileiro de supermercados. Disponível em: <https://static.abras.com.br/pdf/perdas2020.pdf>.

objetivos, a exemplo da Ação contra a Mudança Global do Clima (ODS13). Os objetivos são macrodirecionadores, apontam para o caminho e o destino a que se pretendem chegar, em conjunto. Na página ao lado, cada ODS está representado em cores diferentes.

Países também projetam a chegada de toda atividade interna à economia circular. Na prática, o formato representa uma alternativa ao modelo econômico de extrair-produzir-desperdiçar. O sistema foca o ciclo econômico saudável para indivíduos, organizações e empresas, sejam de pequeno, médio ou grande portes. A Fundação Ellen MacArthur define três princípios para a transição para a economia circular: eliminar resíduos e poluição desde o princípio; manter produtos e materiais em uso e regenerar sistemas naturais. Um exemplo importante é o dos Países Baixos, que definiram chegar à economia circular até 2050. Com base no diagnóstico de que a demanda global por matérias-primas para alimentos, produtos elétricos e roupas aumenta drasticamente, o governo trabalha em rede com pessoas, instituições e empresas para alcançar a meta. Detalhado e didático, o projeto tem fácil acesso no site governamental dos Países Baixos[75].

Há mais bons exemplos. O plano de recuperação e resiliência da União Europeia por conta dos impactos da Covid-19 foi elaborado para a recuperação econômica e para um futuro mais verde e digital[76]. A administração Joe Biden, nos Estados Unidos, projeta investimentos de US$ 2 trilhões em quatro anos, a partir de 2021, na infraestrutura sustentável e em energia limpa, com a perspectiva de tornar o país zero carbono até 2050. A China estima chegar ao pico de emissões de carbono em 2030 e compromete-se a alcançar a neutralidade de carbono até 2060[77]. O Japão anunciou que até 2050 se tornará neutro em emissões de carbono e procurou esclarecer que responder às mudanças climáticas não representa

---

75. Disponível em: <https://tinyurl.com/paisesbaixossite>.

76. Fonte: CONSELHO DA UNIÃO EUROPEIA. Comunicado de imprensa. 18 dez. 2020. Disponível em: <https://tinyurl.com/comunicadoue>.

77. Fonte: ORGANIZAÇÃO DAS NAÇÕES UNIDAS (ONU). Comunicado sobre a participação do presidente da China, Xi Jinping, na Assembleia-Geral da ONU. 22 set. 2020. Disponível em: <https://news.un.org/en/story/2020/09/1073052>.

restrição adicional ao crescimento econômico[78].

Ambição, planos e projetos não asseguram, por si, a realidade visionada nas dimensões planejadas. Além de executar o programado, será preciso lidar com as barreiras que surgem previsivelmente e refletem, no fundo, os sentimentos de medo ou incapacidade de cumprir a missão, que fazem parte da condição humana. Não é preciso tanta imaginação para vislumbrar algumas situações, como donos de negócios receosos de que a lucratividade possa ser prejudicada. Algumas pessoas poderão acreditar que sua adesão a novos padrões, individualmente, não mudará nada. Outras poderão apresentar descrença de que tudo virará, mesmo, realidade. Isso tudo exigirá a capacidade de responder a cada situação. Uma moldura para lidar melhor com estes desafios pode ser o chamado *stakeholder capitalism*, que significa o capitalismo das partes interessadas ou afetadas como negócio: clientes, fornecedores, trabalhadores, comunidades e a sociedade em geral.

O *stakeholder capitalism* seria uma alternativa ao *shareholder capitalism* (capitalismo de acionistas), comprometido com o lucro e o acionista, e ao *state capitalism* (capitalismo de Estado), com o governo direcionando a economia. O Fórum Econômico Mundial trouxe o tema na edição de 2020 e divulgou o novo Manifesto de Davos, para um capitalismo melhor, capaz de endereçar oportunidades mais eficazes para enfrentar os desafios ambientais e sociais de hoje. Sobre a concepção, a equipe da consultoria McKinsey elaborou um documento explicando e ponderando que o modelo atual de capitalismo e o papel dos negócios vêm sendo questionados por parcela da sociedade mundial[79]. No parágrafo abaixo, a consultoria sintetiza o recado.

---

78. Fonte: MCCURRY, Justin. Japan will become carbon neutral by 2050, PM pledges. In: The Guardian. Disponível em: <https://www.theguardian.com/world/2020/oct/26/japan-will-become-carbon-neutral-by-2050-pm-pledges>. 26 out. 2020.

79. Fonte: HUNT, Vivian; SIMPSON, Bruce; YAMADA, Yuito. The case for stakeholder capitalism. In: McKinsey & Company. Disponível em: <https://www.mckinsey.de/business-functions/strategy-and-corporate-finance/our-insights/the-case-for-stakeholder-capitalism#>. 12 nov. 2020.

Partimos de duas premissas. Em primeiro lugar, que servir a todas as partes interessadas é um bem ético que também pode ser uma fonte de vantagem competitiva. E, em segundo lugar, para fazer isso com sucesso, as empresas devem ser lucrativas. Existe um termo para uma empresa iluminada com as intenções mais perfeitas que não dá dinheiro: extinta. O ecossistema de negócios está evoluindo; aqueles que resistirem se verão não apenas no lado errado da história, mas também em desvantagem competitiva.

Finalmente, gostaria de contextualizar. O diâmetro do planeta Terra tem 12,8 mil Km. Há mais estrelas no céu do que grãos de areia de todas as praias. A maior galáxia conhecida tem 100 trilhões de estrelas. Podemos ser incrivelmente pequenos, mas até agora não se descobriu nada equivalente à natureza e à vida que existe na Terra. Já sabemos que o mundo chegará ao final das próximas décadas totalmente diferente do que conhecemos. Não parece entusiasmante fazer parte deste processo? Quem sabe a partir de um período doloroso e crítico para a humanidade não possamos começar a integrar mais conceitos de sustentabilidade com prosperidade, para a evolução dos indivíduos, das empresas, das sociedades, de todos e de tudo o que há no mundo? Eu acredito que sim.

Vamos iniciar uma conversa sobre o que queremos e o que esperamos encontrar adiante?

Capítulo 19

O ORIENTE DIGITAL

Os Estados Unidos e o autosserviço foram para o século XX o que a Ásia e o *e-commerce* caminham para ser no século XXI para o varejo. Apesar do forte empuxo tecnológico no mercado americano, é no Oriente que o mundo da venda digital caminha com uma dinâmica própria, em especial no mercado chinês. Ela integra o modelo *omnichannel*, experiência do consumidor, redes sociais, tempo real e uma espantosa capacidade de acumular dados sobre os consumidores, seus temperamentos e a forma como se apresentam no mundo.

O protagonismo do *e-commerce* chinês vem sendo tema de estudos de uma série de publicações de relevo que acompanham a evolução do comportamento humano e os negócios. A capa da primeira edição da revista *The Economist* em 2021 trouxe o assunto, sob o título *O futuro do e-commerce com características chinesas*, com a sugestiva indicação para os varejistas olharem o que ocorre no país, a despeito de onde estejam[80].

Vale a pena contextualizar que a China integra uma região que poderá modelar o futuro econômico no século 21. Este é o título do *best-seller* "*The future is asian*: comércio, conflito e cultura no século XXI"[81], escrito pelo estadunidense de origem indiana Parag Khanna, um dos principais estrategistas do mundo.

---

80   Fonte: THE ECONOMIST. Por que os varejistas deveriam olhar para a China. Disponível em: <https://www.economist.com/leaders/2021/01/02/why-retailers-everywhere-should-look-to-china>. 2 jan. 2021.

81   Fonte: KHANA, Parag. The future is Asian: global order in the twenty-first century. London: Weidenfeld & Nicolson, 2019

A Ásia tem 4,4 bilhões de habitantes e 40% da economia global. Mantém rivalidades políticas relativamente sob controle e integra economias regionais entre si.

O desenvolvimento asiático avança como uma corrida com passagem de bastão entre os países. Na ponta de lança desta ascensão estava o Japão, logo após a Segunda Grande Guerra. Depois, foi a vez dos Tigres Asiáticos (Taiwan, Cingapura, Coreia do Sul e Hong Kong). A China dispara nos anos 1990. A região é a mais desenvolvida digitalmente. Metade dos usuários mundiais da internet estão na Ásia – um terço apenas na China e na Índia, conforme dados apresentados pela McKinsey[82].

É neste ambiente que a China floresce em tecnologia inovadora. O uso de aparelhos celulares nas compras do e-commerce supera 80% na China e fica abaixo de 50% nos Estados Unidos[83]. O levantamento da *Economist* mostra que são mais de 800 milhões de usuários de internet no país asiático e da ordem de 300 milhões no ocidental. Na China, as três principais empresas de e-commerce detêm, juntas, perto de 90% de participação de mercado, fatia que, nos Estados Unidos, é de 50%.

Supermercados, lojas de departamento e shopping centers avançaram na China, principalmente a partir dos anos 1980[84]. O extraordinário processo de urbanização desde então e a expansão alimentaram-se mútua e reciprocamente no país. Em 1991, surgia a primeira rede de supermercados em Shanghai, o *Lianhua*, do *Bailian Group*. Como os supermercados são relativamente recentes na China, nasceram integrando novas tecnologias.

A *Lianhua Supermarket Holdings* desenvolveu rede nacional de varejo, que hoje tem 3.339 *outlets*, nos segmentos de hipermercados, supermercados e lojas de conveniência.

No e-commerce, Alibaba, JD.com e Pinduoduores lideram as vendas de mercadorias digitais em segmentos variados do varejo.

---

82   TONBY, Oliver et al. O futuro da Ásia é hoje. In: McKinsey & Company. Disponível em: <https://www.mckinsey.com/featured-insights/asia-pacific/asias-future-is-now/pt-br#>. 14 jul. 2019.

83   Fonte: THE ECONOMIST. Por que os varejistas deveriam olhar para a China. Disponível em: <https://www.economist.com/leaders/2021/01/02/why-retailers-everywhere-should-look-to-china>. 2 jan. 2021.

84   Disponível em: <http://www.xinhuanet.com>.

Principalmente depois de 2017, a tônica dos avanços no e-commerce chinês atende pelo nome do *new retail,* ele combina operação *off-line, on-line,* experiência do consumidor e, muitas vezes, tempo real.

Freshippo[85] ou *Hema Supermarket* são dois nomes para a mesma rede de supermercados com a qual o Grupo Alibaba marca sua entrada para o chamado *new retail,* buscando convergir os formatos das compras *on-line* e *off-line,* junto com um enorme volume de coleta de dados e inteligência artificial. O consumidor baixa o aplicativo em seu celular e vai às compras dentro da loja. Mas esta é apenas uma parte da operação.

A loja vende produtos frescos, cujas informações podem ser recebidas pelo celular, inclusive quanto à origem. Frutos do mar vivos são colhidos pelos clientes na peixaria, seguindo a tradição chinesa. E podem ser preparados para consumo dentro da loja mesmo, em área que mantém um aviso: *"Ready to cook. Ready to heat. Ready to eat"* ("Pronto para cozinhar. Pronto para aquecer. Pronto para comer", em português).

"Pegamos os frutos do mar juntos, cozinhamos juntos e comemos juntos. É delicioso e aproveitamos o momento", diz um cliente em reportagem feita pelo Alizila, rede de notícias do Grupo Alibaba para matérias corporativas. O consumidor também pode comprar produtos via aplicativo, na loja, vendo cada mercadoria e solicitando o *delivery.* Funcionários da loja recebem o pedido e coletam, na sequência, os produtos para entrega em bolsas, cujos códigos são computados para a operação.

Outra tendência nas vendas digitais é o live *streaming e-commerce.* Ela representa o modelo que inclui uma venda associada a um evento acontecendo ao vivo, com a participação de um condutor ou apresentação, que mantém a audiência engajada, com a transmissão de conteúdos como entretenimento, dados dos produtos e permitindo até mesmo a interação entre compradores comentando sobre a mercadoria. Uma forma de engajamento instantânea associada à compra de itens.

---

85   Fonte: BRENAN, Tom. Take a tour of a Freshippo Supermarket and experience "New Retail". Disponível em: <https://www.youtube.com/watch?v=XNt18b5hOVE>.

Capítulo 20

FATOR EMPATIA PÓS-COVID-19

A empatia é uma ferramenta de negócios. Na verdade, é um atributo de humanidade e tem um significado bem mais profundo do que parece. Se você acredita que o futuro do varejo é o consumidor, relacionar-se com ele de forma o mais adequada possível, em primeiro lugar, fará toda a diferença. Continuará sempre muito positivo ser simpático ou aparentar simpatia no contato com a clientela, mas ser empático terá destaque. Autoridade em Administração e Marketing, autor de séries de livros sobre os temas, considerado um guru mundial em negócios, Philip Kotler, em meio à pandemia, registrou em artigo as perspectivas que enxerga no horizonte. Elas dizem respeito à mudança de comportamento do consumidor e a avanços na busca, já em curso, por um capitalismo mais consciente.

> Prevejo que este período de privação e ansiedade dará início a novas atitudes e comportamentos do consumidor que mudarão a natureza do capitalismo de hoje. Por fim, os cidadãos reexaminarão o que consomem, quanto consomem e como tudo isso é influenciado por questões de classe e desigualdade. Os cidadãos precisam reexaminar nossos pressupostos capitalistas e emergir deste período terrível com uma forma nova e mais justa de capitalismo. É o que dizem um volume cada vez maior de acionistas de grandes negócios, empreendedores, executivos, especialistas e consultores [86].

---

86   Fonte: KOTLER, Philip. O consumidor na era do capitalismo. Disponível em: <https://sarasotainstitute.global/the-consumer-in-the-age-of-coronavirus>. 4 jun. 2020

O escritor e economista estadunidense especializado em Gestão de Negócios e autor do livro *Em busca da excelência*, Tom Peters, insiste no mesmo assunto, sobre a importância deste valor humano e universal:

> *"Se você for empático e criar um ambiente de trabalho empático, os outros farão o mesmo. Chama-se a isso liderança."*

Em resumo, a despeito de toda a resistência que existe em falar sobre empatia no dia a dia da luta em cada negócio, o atributo sempre existiu e esteve presente em casos de sucesso e prosperidade.

A partir de agora, assim será ainda mais.

FIM

Este livro faz parte da coleção

Varejo Em Foco

Composta pelos títulos:

- **Os Rumos do Varejo no Século XXI
  Pandemia e Transformação
  Irineu Fernandes**

- A estratégia do Varejo sob a Ótica do
  Capitalismo Consciente
  Hugo Bethlem

- Varejo Conectado
  Decisões Orientadas por Dados
  Fátima Merlin

- Pense Grande - Pense Pessoas
  Gestão de Pessoas: O Superpoder da Liderança
  Cidinha Fonseca

- O CRM no Contexto da Ciência do Consumo
  Fernando Gibotti

- Gestão de *Pricing*
  Precificação Estratégica e Rentabilidade
  Leandro de Oliveira

- Sua gôndola estica?
  Gerenciamento de Espaços e Processo de
  Planogramação - Raphael Figueira Costa

- Jornada *Ominishopper*
  Daniele Motta

Este livro foi impresso em julho de 2021, pela gráfica
Docuprint, utilizando a família de fontes FuturaPT